Bauwelt Fundamente 67

Herausgegeben von Ulrich Conrads
unter Mitarbeit von Peter Neitzke

Beirat:
Gerd Albers
Hansmartin Bruckmann
Lucius Burckhardt
Gerhard Fehl
Herbert Hübner
Julius Posener
Thomas Sieverts

Gilles Barbey

WohnHaft

Essay über die innere Geschichte der Massenwohnung

Friedr. Vieweg & Sohn   Braunschweig/Wiesbaden

Titel der französischen Originalausgabe:
L'habitation captive: essai sur la spatialité du logement de masse
© 1980 Editions Georgi, Saint-Saphorin (Suisse)
Aus dem Französischen von Lothar Kurzawa

CIP-Kurztitelaufnahme der Deutschen Bibliothek

Barbey, Gilles:
Wohn-Haft: Essay über d. interne Geschichte d.
Massenwohnung /Gilles Barbey. [Aus d. Franz.
von Lothar Kurzawa]. — Braunschweig; Wiesbaden:
Vieweg, 1984.
  (Bauwelt-Fundamente; 67)
  Einheitssacht.: L'habitation captive ⟨dt.⟩
  ISBN 3-528-08767-6

© Friedr. Vieweg & Sohn Verlagsgesellschaft mbH, Braunschweig 1984
Umschlagentwurf: Helmut Lortz
Satz: Satzstudio RES, R.-E. Schulz, Dreieich
Druck und buchbinderische Verarbeitung: Lengericher Handelsdruckerei, Lengerich
Printed in Germany West
Alle Rechte an der deutschen Ausgabe vorbehalten.

ISBN 3-528-08767-6   ISSN 0522-5094

Inhalt

Vorwort 7

Einführung 10

1 Geburt des Massenwohnungsbaus 14

   Die New Yorker Tenements 15

   Die Pariser Cités Ouvrières 22

   Die Berliner Mietskasernen 28

   Massenwohnungsbau und Urbanität 35

2 Mechanismen des Massenwohnungsbaus 51

   Die Mietskaserne 52

   Wohnungsgröße und Verteilung der Podeste 61

3 Morphologie der Wohnungen 68

   Die Zimmerflucht 69

   Der »plan traversant« 72

   Das mittlere Vorzimmer 76

   Einheitlichkeit und Vielfalt der Wohnungen 79

4 Das Wohnerleben *85*

   Der kosmische Charakter der Wohnung *85*

   Die häusliche Intimität *89*

   Das Intime und das Private *94*

   Darstellungen der Wohnsituation *97*

5 Der häusliche Innenraum *101*

   Entwicklung der Räumlichkeit *102*

   Die Wohnkultur *112*

Anmerkungen *123*

Literatur *126*

Vorwort

In allen neuen Arbeiten der auf die Entwicklung der europäischen Industrienationen im 19. Jahrhundert spezialisierten Historiker erlangt der Arbeiterwohnungsbau neuerdings wachsende Bedeutung. Seit etwa 1970 mehren sich Gesamtwerke und Monographien. Auch wenn das deskriptive Stadium noch lange nicht an seine Grenzen gekommen ist, sind vergleichende Untersuchungen doch bereits geboten. Ja, sie erweisen sich als äußerst nützlich, wenn man den Kern der sozialen Strukturen ermitteln will. Vergegenwärtigt man sich den Umstand, daß wir derzeit über keine solche Untersuchung verfügen, so kann man ermessen, wie wichtig Gilles Barbeys Essay für uns gerade heute ist.
Obwohl von bescheidenem Umfang, handelt es sich doch um die reife Frucht einer meisterlich-gelehrsamen Arbeit, was man unschwer seiner umfangreichen Bibliographie entnehmen wird. Aus jener originären Sichtweise, wie sie nur praktisch tätigen Architekten mit ihrer unersetzlichen Berufserfahrung eigen ist, bewegt sich das Buch geradewegs ins Zentrum der Thematik. In den New Yorker tenements – wer kenn sie in Europa? –, in den Pariser cités während des Second Empire und in den Berliner Mietskasernen am Ende des 19. Jahrhunderts wird der Massenwohnungsbau zum Gefangenen eines von bourgeoisen Eigentümern entwickelten Rentabilitäts- und Normalisierungssystems. Die synthetisierende Darstellung jenes neuen disziplinarischen Moments der Industriestadt, das Barbey dank seiner gründlichen Kenntnis der drei Städte aufdeckt, müßte Schule machen.
Auch seine Bemerkungen zur Wohnkultur, deren bürgerliche und populäre Seiten er untersucht, sind viel aufschlußreicher, als der Titel seiner Studie ahnen läßt. Tatsächlich bewegt sich die Logik seiner Überlegungen mehr in diese Richtung. Denn auch wenn der Massenwohnungsbau heute nicht mehr einem solchen System von Abhängigkeiten unterworfen ist wie noch bis zum Zweiten Weltkrieg, konstituiert er doch den Ort einer neuen Form der Entfremdung, einer Einschließung durch jene Art Häuslichkeit, die von der herrschenden Klasse vorgelebt und von den Massenmedien dann vulgarisiert wurde. Wir werden auf dieses Kernthema noch zurückkommen.
Doch sind offenbar auch die Mieter nicht mehr, was sie einmal waren, näm-

lich folgsam und pünktlich in ihren Mietzahlungen. In den letzten zwanzig Jahren hat die Auseinandersetzung zwischen Vautours und den Arbeitern, denen es im 19. Jahrhundert niemals gelang, ihren Kämpfen klare Zielvorstellungen zu geben, eine neue Entwicklung genommen. Der Kampf, den die Bewohner des Brüsseler Arbeiterviertels Marolles gegen ihre Tabula-Rasa-Stadtplaner führen, hat heute strategisch und taktisch exemplarische Bedeutung. In einem Stadtteil von Roubaix, dem sogenannten Alma-Gare, ist man diesem Beispiel erst unlängst gefolgt: Gegen den Druck der gesellschaftlich und politisch Mächtigen wehren sich die Bewohner gegen die Sanierung ihrer Lebens- und Wohnstätten.

Auch in der heutigen Zeit – einer Zeit theoretischer Unsicherheit – setzen sich im sozialen Wohnungsbau baukünstlerische Neuerungen durch. Es handelt sich um einen enormen Markt: die HLM (Habitations à loyer modéré – Wohnungen mit gemäßigten Mieten), wichtigster Bauherr und wichtigster Verwalter von Arbeiterwohnungen, umfaßt in Frankreich, alle Familien eingerechnet, 13 Millionen Personen. In den letzten Jahren konnte sie einige seltene Talente für sich gewinnen, für welche Häuser- und Wohnblocks der ersten Generation von Großbauten keine Anziehungskraft besaßen. Die von Jean Renaudie erbauten zahllosen cités, die monumentalen Festungen von Enrique Ciriani und die volumetrischen Änderungen von Paul Chemetov, die Arbeiten dieser drei Architekten in jener „roten" Pariser Vorstadt, die lange Zeit das trostlose Schauspiel einer krebsgeschwürartigen Agglomeration grauer Wohnzellen darstellte, beweisen einen entschiedenen Willen, den einst so fahlen Baustil der HLM zu zerschlagen.

Die Mentalität der Stadtbewohner hat sich also geändert. Gewisse Architektenkreise suchen wundersamerweise die Bedürfnisse und Sehnsüchte der Bevölkerung aufzuspüren. Ausgehend von solcher Großmut begeben wir uns also in unterwandertes Gebiet. Und Gilles Barbey weiß das. Nehmen wir einmal an, ganz Frankreich, ja ganz Europa würde sich die Kleinbürgerideologie zu eigen machen, und nehmen wir ferner an, alle minimalen Anforderungen an Komfort und Hygiene wären erfüllt, hieße das, daß man sich dann nur noch bemühen müßte, Einrichtung und Lebensstil der herrschenden Klasse nachzuahmen? Mit Hilfe der Eigenheime ist es der Bourgeoisie bereits vollständig gelungen, ein Kontrollsystem zu installieren, an dem sie bereits seit einem Jahrhundert beharrlich arbeitet und dem sich alle Verantwortlichen der politischen Parteien – die linken eingeschlossen – nach und nach angeschlossen haben. Der Eigentumsmythos – auch der vom Miteigentum, verstanden als eine Art probeweise gewährtes Eigentum – funktioniert hier auf vollkommene Weise, ohne daß man ihn je ernsthaft in Frage gestellt hätte.

Wir befinden uns jetzt in der zweiten Etappe des Integrationsprozesses. Zum „Eigentümer", d.h. zu einem höheren Wesen gemacht, hat sich der ehemalige Mieter – auch der heutige mit seinen Aufstiegssehnsüchten – den Verhaltensweisen der Herren, die nun „seinesgleichen" geworden sind, anzupassen. Schon vor längerer Zeit entwarf Francis Jourdain eine „stillose" Wohnungseinrichtung, die die *Humanité* ihren Lesern als die Sozialisten allein angemessene empfehlen konnte. Welcher Innenarchitekt hätte bei der Einrichtung der Großbauwohnungen nicht bürgerliche Modelle übernommen und vereinfacht? Gilles Barbey hat recht, mehr denn je ist die Wohnung Gefangene und zugleich Gefängnis. Hoffen wir, daß ihre Bewohner sich nicht freiwillig und allzu begeistert einsperren lassen.

Roger-Henry Guerrand

Einführung

Der vorliegende Text ist aus einer doppelten Frage entstanden: Wie bildet sich der urbane Charakter der Stadt heraus und wie vollzieht sich die ‚Einschreibung' des Städters in den Raum seiner Wohnung? Ein abfallender Erkundungsweg drängt sich auf; er führt vom Gesamtbild der Stadt über eine Reihe von zunehmend kleineren Wohnkästen zum einzelnen Zimmer. Das Urbane bringt zunehmend mehr Wohnungen hervor, deren Gewicht nun seinerseits auf dem Stadtkörper lastet. In diesem Wechselspiel ist eine Vielfalt von Evidenzen wie von Unbekannten einbeschlossen, die eine nähere Untersuchung verlangt.

Das Thema des gelebten Raumes – stets präsent, wenn auch im Verborgenen – ist nicht leicht zu fassen. Obwohl es jeden von uns offenbar umfassend berührt, entzieht es sich dem Versuch einer äußeren Analyse. Wer es heraufbeschwört, ist aufgefordert, die Welt der Sinne zu erkunden und die eigene Erfahrung zu befragen. Zahlreiche Fachleute haben das Wohnungsproblem geradezu klinischen Beobachtungsmethoden unterzogen, und doch provoziert es immer neue Diagnosen, die nur zu häufig in der Partikularität einzelner Fallstudien verhaftet bleiben. Trotz des Anwachsens nützlicher Beweisketten und der Entlarvung von Strukturbeziehungen bleibt das Problem des Wohnens ein Mysterium. Die Frage nach seiner intimen Natur erschöpft sich nicht in der geduldigen Aufzählung seiner Produktionsbedingungen und Eigentümlichkeiten. Trotz des subjektiven Anteils eines solchen Versuches wird somit eine Erforschung des Inneren notwendig.

Tagtäglich konstituiert sich das häusliche Leben als ein Kompromiß aus Aggression und Versöhnung. Auch wenn die Wohnverhältnisse kläglich sind, übt die Wohnung als einzig legitimes tägliches Refugium doch eine beträchtliche Macht aus. Sie ist zugleich erobertes Terrain wie Ort der Unterwerfung unter die soziale Herrschaft. Diese grundlegende Dualität zwingt ihre Bewohner, in einer Mischung aus Angst und Zufriedenheit zu leben und zu wohnen.

Jenseits dieser verwirrenden, ja, unentwirrbaren Werte bleibt die räumliche

Verankerung der Bewohner zu erforschen, die sich ungeachtet aller nachteiligen Aspekte und trotz der erlittenen Entbehrungen zunehmend festigt. Man muß die weitreichende Natur des alltäglichen Nebeneinanders der Wohnräume unterstreichen: Den Einfluß der verflossenen Zeit, die unausweichliche Resignation vor den Zwängen, die Verdrängung der geheimen Sehnsüchte und das Erscheinen zahlreicher Entwürfe.

Die Explosion der Industriestädte im 19. Jahrhundert diktiert bevölkerungspolitische Maßnahmen. Ganze Populationen werden auseinandergetrieben und wieder zusammengeführt. Die Menschen sind dazu verurteilt, in kleinen Schachteln zu leben, und werden dauerhaft überwacht. Aufschluß über diese der Viehhaltung abgedruckten Bedingungen menschlicher Einpferchung geben die Strategien der Eigentümer, Bauherren und Vermieter. Ihre Profitgier verbirgt sich hinter philanthropischen Gebärden. Die Wohnmaschine wird in Betrieb genommen. Ihr Produkt, der Massenwohnungsbau, bildet in der Tat ein soziales Versuchsfeld, das Herrschaftsmechanismen verrät. Noch in der einzelnen Wohnzelle, als dem Glied einer konzentrierten Kette, die unweigerlich zur Entfremdung der Individuen führt, sind die Auswirkungen urbaner Verdichtung spürbar.

Trotz ihrer Ubiquität hält man die Sozialwohnung in der Stadt für einen unbedeutenden Faktor. Der Grund: Sie wird nicht gern gesehen. Wenn man sie auch für vorgeblich neutral erklärt, spiegelt sie doch immer wieder das Bild des Klassenkampfes. Seit jeher ein verruchtes Gebiet, bietet sie ihren Beobachtern und Verleumdern nur den Charakter lächerlicher Notwendigkeit. Dennoch bleibt sie die traditionelle Beute der Immobilienexploiteure. Wegen der extremen Kluft zwischen ihrer zahlenmäßigen Verbreitung und ihrer dürftigen qualitativen Ausstattung wird die Arbeiterwohnung zu einer sozialen Kampfprobe, wobei sich die Mechanismen häuslicher Knechtung verschlimmern.

Im Mittelpunkt unseres Vorhabens steht also die Untersuchung des bewohnten Raumes. Dabei schien es unerläßlich nachzuweisen, wie der Wohnungsgrundriß bindend und einschließend auf die Bewohnerschaft wirkt; wie und mit welch dürftiger Kompensation das Verdammungsurteil über ein Leben in resignativer Abgeschiedenheit verhängt wird; und wie die Bewohner sich schließlich damit abfinden, ihren alltäglichen Raum, den einzigen Ort, an den sie nach der Arbeit zurückkehren können, nicht mehr zu verlassen. Vom Stadtviertel über den Wohnblock oder die cité bis zum Haus und zum einzelnen Zimmer: Überall herrscht die gleiche Enge, selbst wenn die Wohnungen einige Quadratmeter an Grundfläche gewinnen. Mit der Feststellung, daß eine solche Wohnmorphologie eine Dynamik der Erfassung und der Kasernierung ins Leben ruft, erinnert man, ohne daß es sich

dabei um eine Binsenwahrheit handelte, an eine Form der Räumlichkeit, die sich stets als repressiv erweist.
Nach der hier aufgestellten Forschungshypothese geben die Wohnanlagen des ersten Industriezeitalters, von denen hier und da Fragmente erhalten geblieben sind, wertvolle Hinweise auf die Belegung und Nutzung der Wohnräume. Aufgrund des nahezu völligen Fehlens von Chroniken oder wahren Zeugnissen hat man sich mit der Untersuchung räumlicher Gliederungen zu begnügen, die, mit geringen Abweichungen, stets wiederholt wurden. Kaum fertiggestellt, unterliegen auch sie sogleich der Kontrolle der Macht.
Mit Hilfe der Topo-Analyse, die ihren Ausgang bei disparaten Informationsmaterialien (Bauplänen, literarischen Beschreibungen, Hygienestatistiken) nimmt, ist es in sehr beschränktem Maße möglich, die Phänomene des tatsächlichen Wohnens innerhalb der Massenunterkünfte eingehend zu erforschen. Zuweilen gelingt die einfache Rückkehr zu jener kolossalen Anhäufungen von Bedeutungen, die den sozialen Hintergrund (also das allgemein Gelebte) der Stadtpopulationen ausmacht. Darüber hinaus erlaubt eine Wanderung entlang der Stadtgrenzen (sie werden, ebenso wie die Vororte, immer weiter und immer häufiger nach außen verschoben, so daß die Stadtfläche am Ende gigantische Ausmaße annimmt), die notwendigerweise lückenhafte Untersuchung ein wenig zu vervollständigen. Und schließlich tragen einige den Sozialwissenschaften entlehnte Begriffe und Thesen dazu bei, gewisse Annäherungsversuche zu stützen.
Bei all dem scheint es jedoch gewiß, daß der Gegenstand einem kurzlebigen räumlich-gesellschaftlichen Bildnis gleichkommt, daß sich alle Authentizität ständig verflüchtigt. Man trifft immer nur auf Erklärungsanfänge und Kohärenzfragmente, ohne zu einer exakten Einkreisung des räumlich Gelebten zu gelangen. Einzig das Gefühl, einen Einblick in entlegene und geheime Wohnbereiche erhalten und dabei einige Anhaltspunkte vorgeschlagen zu haben, mag für diese unvermeidliche Lückenhaftigkeit entschädigen. Nichts an diesem Versuch erlaubt, sich mit einem umfassenden logischen Beweis zu messen, so ungreifbar bleibt die allgemeine Realität des Wohnens. Die dem Text eingefügten fragmentartigen Illustrationen sollen lediglich einige visuelle Hinweise liefern sowie Umrisse vergegenwärtigen, die sich mit sprachlichen Mitteln nur schwer skizzieren lassen.
Ausgehend von den jeweils besonderen Umständen in New York, Paris und Berlin behandelt das erste Kapitel die simultane Entstehung der Industriestädte und des Massenwohnungsbaus. Um „Wohnkästen" und die den Mietskasernen eigentümlichen Gestaltungsmomente geht es im zweiten Kapitel. Das dritte erforscht das Wohnungsinnere mit der Absicht, die Entwicklung des Wohnungsgrundrisses zu beschreiben. Das vierte erörtert die

heikelste aller Fragen, nämlich die nach dem Erlebnisgehalt (vécu)* der Wohnung, wobei es sich allerdings auf einige Vorschläge zur Spurenlese beschränkt. Das fünfte schließlich stellt Überlegungen zur Räumlichkeit des Hauses und zu ihren Beziehungen zu einer „Wohnungskultur" an. Der Zusammenhang der Kapitel und ihrer Abfolge ist nicht historisch im strengen Sinne, er gehört auch nicht in den Bereich der Soziologie. Und dennoch beansprucht er eine sozialgeschichtliche Orientierung, vergleichbar jener Phänomenologie, die sich zentral mit den Beziehungen des Menschen zu den bewohnbaren-bewohnten Räumen befaßt. Aufgrund ihrer ambivalenten Stellung, die aus der Grenzlage zu mehreren Untersuchungsfeldern resultiert, ist eine solche Reflexion nicht einheitlich diskursiv.

Zu den häufig wiederholten Begriffen, die eine Präzisierung verlangen, gehört der der *Wohnung* (logis), worunter hier das am weitesten verbreitete Modell der städtischen Familienwohnung verstanden werden soll. Der Begriff des *Gelebten* (vécu) schließt prinzipiell die alltägliche Erfahrung eines Ortes und seiner verschiedenen Spiegelungen mit ein. Der Begriff der *Räumlichkeit* (spatialité) bezieht sich auf das Ensemble der räumlichen Eigentümlichkeiten des bewohnten Raumes, auch auf das intime Wissen, das sich daraus gewinnen läßt.

Im Verlauf meiner Überlegungen, angefangen bei den Vorarbeiten und deren Weiterentwicklung bis hin zur Ausarbeitung, habe ich bei Forschern Rat gesucht, die parallele Studien betreiben. Insbesondere gilt mein Dank Michel Bassand, André Beerli, Enrico Castelnuovo, Roger-Henri Guerrand, Geneviève Heller, Perla Korosec Serfaty, Paul Virilio und Patrick Zylbermann. Ihr Scharfblick kam mir auf die eine oder andere Weise zugute.

---

* Zur Verdeutlichung habe ich an einigen Stellen, wo mir dies sinnvoll erschien, die Originalbegriffe in Klammern gesetzt. (A.d.Ü.)

1 Geburt des Massenwohnungsbaus

Im Verlauf des 19. Jahrhunderts mausern sich die Welthauptstädte zu Metropolen des neuen Industriezeitalters. Die Symbole der Urbanität sind von nun an nicht mehr ausschließlich in monumentalen Räumen (Plätzen, Avenuen oder Parks) zu finden, sondern ebenso in den neuen Wohnvierteln, die das Hineinwachsen des Stadtkörpers in eine Art Erwachsenenstadium markieren.

Als Vorreiter eines solchen nahezu grenzenlosen Wachstums figuriert London. Unter viktorianischer Herrschaft gibt seine kolossale Aufnahmekapazität – es ist zugleich Flußhafen und Hauptstadt eines Kolonialreiches – Anlaß zu einem bis dahin nie dagewesenen Wucher im Wohnungsbaubereich.

Daß London als die eigentliche Geburtsstätte des Massenwohnungsbaus anzusehen ist, wird durch eine überquellende Fülle schriftlicher Zeugnisse unanfechtbar belegt.[1] Daneben werden jedoch andere Hauptstädte, deren Geschichte weniger bekannt ist, ebenfalls vom industriellen Wachstum ergriffen und erschüttert. Zu ihnen zählen New York, Paris und Berlin; auch sie wachsen während der zweiten Hälfte des 19. Jahrhunderts in der Fläche wie in der Höhe beträchtlich. Während man in London auf Anstoß von Roberts, Peabody und Octavia Hill einen reduzierten Baumaßstab zu wahren sucht, entstehen in jenen drei Städten zur gleichen Zeit riesige Wohnanlagen.

Der britischen „Kleinbauweise" setzt man einen kontinentalen Gigantismus entgegen, der in einheitlichen Straßenfronten zum Ausdruck kommt, die den überfließenden Bevölkerungsstrom kaum aufhalten können. Diese extrem massive Ausweitung der Stadt hat ihre Geschichte. Sie ergibt sich gewöhnlich aus der Zerteilung der Viertel in Wohn- oder Häuserblocks, in deren „Schubfächern" die Population eingeschlossen wird.

Die beschleunigte Akkumulation von Wohnungen mutet wie der gigantische Feldzug eines privaten Immobilienunternehmens an, dessen Generationen umspannende Mitglieder in perfekter Komplizenschaft zusammenzuarbeiten scheinen. Die Großstadt von heute ist zu einem wesentlichen Teil

Sediment des um 1850 entstandenen Massenwohnens. An den Beispielen von New York, Paris und Berlin läßt sich das Eindringen der Gemeinschaftswohnung in den Körper der Stadt veranschaulichen. Noch vor Ende des 19. Jahrhunderts läßt sich eine Bruchstelle markieren: Die Stadt ist nicht mehr ausschließlich bürgerliche Residenz, sie wird auch Wohnstätte des Proletariats, das nun nicht mehr, wie noch im würdevollen Stil eines monumentalen Dekors drapierten Paris zur Zeit Haussmanns, von den Hauptstraßen ferngehalten wird.

Will man die Umstände dieser urbanen Geschwulst, die am Ende des 19. Jahrhunderts ihren Höhepunkt erreicht, um sich später zu anderen, ebenso massiven, aber weniger komprimierten Bauformen zu entwickeln, genauer erforschen, so wird man in die Hinterhöfe eintauchen, schmale Treppenaufgänge erklimmen und sich in das Innere der Wohnungen schleichen müssen. Manhattan, Paris und Berlin, alle nach einem weiträumigen Gesamtplan errichtet, sind schon bald in einem geometrisch angelegten Straßen- und Blocknetz gefangen. Die Entwürfe zur Erweiterung, Sanierung oder Verschönerung der Stadt können dabei in erster Linie als Wohnungsbaupläne angesehen werden. Die Untersuchung der drei Städte folgt der chronologischen Abfolge der Entwicklung ihrer Gesamtpläne: New York (1811), Paris (1858), Berlin (1862).

Die New Yorker Tenements

Die New Yorker Stadtbezirke und besonders Manhattan sind eine Zuflucht für Asylsuchende. Mit Beginn der Schlacht von 1796 werden sie zum bevorzugten Sprungbrett für Einwanderer. Die Urbanisierung erstreckt sich im Norden bis Fischer Street, an der heutigen Canal Street gelegen. Der ständige Bevölkerungszustrom führt zu einem nie dagewesenen urbanen Stau. Entsprechend bestürzend ist die Sterblichkeitsrate.[2] Sobald die Neuankömmlinge die Schiffe verlassen, drängen sie sich mit ihresgleichen mehr schlecht als recht in den baufälligen Häusern in der Nähe des Hafens zusammen.

Die beträchtliche Wohnungsnachfrage läßt die Grundstückseigentümer nicht gleichgültig. Für sie bedeuten die Stadtentwicklungsperspektiven zu Beginn des 20. Jahrhunderts einen legitimen Profitanteil von 12, ja sogar 20 % des investierten Kapitals. Um die neuen Bevölkerungsströme aufzufangen, wird nicht nur ein System der Bodenkolonisierung, sondern gleichfalls eines der Kasernierung etabliert. Beide werden um 1860 Realität. 1807 beauftragt der Stadtrat den Landvermesser John Randel, für den nicht bebauten Teil der Halbinsel Manhattan einen Stadterweiterungsplan auszuarbeiten. Der im Jahre 1811 offiziell verabschiedete Plan überzieht den schmalen Landstreifen mit einem orthogonalen Netz von 12 langen Avenues, die von 155 Querstraßen gekreuzt werden.[3] In diesem Plan sind keine öffentlichen Plätze mehr vorgesehen, obwohl in dem an Randel erteilten Auftrag noch ausdrücklich davon die Rede war. Dabei trägt die Quadrierung des Bodens nicht einmal seiner topographischen Beschaffenheit Rechnung. Seine räumliche Vielfalt, die der Stadt körperliche Gestalt zu geben vermocht hätte, bleibt unberücksichtigt. Das Raster-Prinzip wird ausdrücklich gelobt.[4] Als Garantie eines quasi unausschöpflichen Fonds einheitlicher Grundstücke wird der Randel-Plan die offizielle planimetrische Grundlage zur Legalisierung der Bodenspekulation.

Der systematische Stadterneuerungsplan des künftigen New York ist also in erster Linie ein Wohnungsbauplan. Es wird ein Jahrhundert dauern, bis man den Wohnungsbau wegen bank- und handelsgeschäftlicher Entwicklungen aus bestimmten Bezirken Manhattans wieder auslagert. Um 1850 führt die anhaltende Wohnraumnachfrage zum Abbruch der ersten Baracken verelendeter Einwanderer. Ihr Wiederaufbau vollzieht sich nach dem Modell des *tenement house,* im offiziellen Sprachgebrauch eine „an mindestens drei Familien vermietete Wohnung mit Kochmöglichkeit und gemeinsamem Nutzungsrecht über Eingangshalle, Treppenhaus und Toiletten"[5]. Das Wort tenement scheint ebenso die Überlassung eines Raumes an einen Mieter wie auch dessen Unterwerfung unter den Vermieter zu bezeichnen. Die tenements, noch in der Mitte des Jahrhunderts als Fortschrittswohnungen par excellence angesehen, werden sehr schnell baufällig; im Jahre 1901 verschwinden sie endgültig. Diese Agonie verdient besondere Aufmerksamkeit.

Als Teil eines New Yorker Wohnblocks konzipiert, umfaßt das tenement, alle Umlagen eingerechnet, eine Grundfläche von ca. 8 m Länge und 33 m Breite. Ursprünglich war diese Fläche von etwa 264 m² für ein einzelnes Haus mit einem eigenen Garten vorgesehen. Tatsächlich jedoch werden in das für die Erfordernisse eines Einfamilienhaushaltes angelegten Grundstücks zwischen 20 und 30 Hausstände ‚hineingegossen'. Diese Politik der Menschenakkumulation führt zu Bevölkerungsdichten von über 1700 Einwohnern pro Hektar.

Arthur Raffalovich, Wohnungsexperte und Staatsrat Seiner Majestät des Zaren von Rußland, schreibt 1887 in Paris: „Die Probleme des Mehrparteienwohnhauses sind noch jüngeren Datums. Erstmals in Erscheinung traten sie in New York 1838 mit dem Bau des Wohnhauses in der Cherry Street."[6] Über das Baudatum von Gotham Court, dem Haus in der Cherry Street,

besteht Ungewißheit: Einige setzen es zwischen 1833 und 1838 an, andere 1851. Der Abriß erfolgt noch vor Ende des Jahrhunderts. Die Experten stimmen darin überein, daß dieses erste New Yorker Gemeinschaftswohnhaus auf einer Grundfläche von rund 78 m Tiefe und 11 m Breite insgesamt 116 Wohnungen umfaßt. Aus zahlreichen Beschreibungen von Gotham Court mit seinen ursprünglich irischen Bewohnern gewinnt man das Bild eines Bienenstocks. Das Fehlen aller hygienischen Einrichtungen bringt von vornherein permanente Seuchengefahr mit sich. Der rasche Verfall des Gemeinschaftswohnhauses erscheint Raffalovich wie ein Verhängnis, für den der Gesetzgeber solange nicht zur Rechenschaft gezogen werden kann, wie Familienerziehung, Bereitschaft zu Sparsamkeit und gegenseitiger Hilfe fehlen.[7] Erst die Theoretiker der Hauswirtschaftslehre, vor allem Ellen Richards, werden um 1900 erklären, daß es sich auch noch in Elendsquartieren gut leben läßt, vorausgesetzt, es findet Unterricht in Hauswirtschaftslehre statt.[8] Die wachsende Verbreitung von Gemeinschaftswohnhäusern in Gestalt der tenements mit ihren teilweise bösartigen Ausformungen läßt die Reformer des Wohnungswesens immer wieder gegen die gleichen Hindernisse anrennen, vor allem gegen die unzureichende Belichtung und Belüftung der Zimmer.[9]
Im Jahre 1866 erläßt das städtische Gesundheitsamt für Groß New York ein Gesetz zum „Schutze des Lebens und der Gesundheit und zur Kontrolle der Ansteckungskrankheiten". Ein Stab von Inspektoren wird beauftragt, über die Sauberkeit der Stadt, die Bekämpfung der Epidemien und die Gesundheitspflege zu wachen. Eine 1867 erlassene Wohnungsverordnung bleibt bis zu ihrer Änderung im Jahre 1879 praktisch wirkungslos. Erst jetzt werden neue Hygienemaßnahmen vorgeschrieben. Jedes bewohnbare Zimmer soll zumindest ein Fenster enthalten, jeder Bewohner über einen Wohnraum von mindestens etwa 16 m² verfügen. Jedes Haus wird einem Hausmeister unterstellt. Zwar wurden Bauprojekte schon früher, genauer, seit der Nominierung von Charles Chandler zum Leiter der Gesundheitsbehörde 1873, verstärkt kontrolliert, doch erst die neue tenement-Gesetzgebung führt zur Eindämmung eines gewissen Mißbrauchs. Gleichwohl reichte sie nicht aus, die Wohnqualität grundlegend zu verbessern.
Es bedarf dazu erst der Initiative einer Zeitschrift, des „Plumber and Sanitary Engineer". Sie schreibt 1878 einen Architektenwettbewerb aus, um Vorschläge für eine Reform des tenement zu sammeln.[10] Die aus Wohnungsfachleuten und Geistlichen bestehende Jury erhält die Auflage, die Projekte zugleich im Interesse der Eigentümer wie der Mieter zu beurteilen, was einem Widerspruch gleichkommt, dem zwischen Massierung und Isolierung der Individuen. Von den 190 eingereichten Arbeiten prämiert die Jury den

Entwurf einer Anlage, die symmetrisch zur Mittelachse eines schmalen Treppenhauses angeordnet ist – daher die Bezeichnung *dumb-bell* (wörtlich: Hantel).
Aus Gründen der Wirtschaftlichkeit sind für jedes Geschoß vier Wohnungen vorgesehen. Die mittleren Zimmer des dumb-bell erhalten aus kleinen seitlichen Innenhöfen nur schwaches Tageslicht. Obwohl zwischen Brandmauern eingezwängt, bedeutet der dumb-bell gegenüber den vorangegangenen Wohnmodellen – mit fensterlosen, durch einfache Kamine belüfteten Zimmern – einen Fortschritt. Mit dem Wettbewerb von 1878 erlangt dieser Bautyp rasch eine Monopolstellung unter den Gemeinschaftswohnhäusern. Chandlers Nachfolger, Felix Adler, der 1884 das Amt übernimmt, läßt sich von philanthropischen Überlegungen leiten. Seiner Auffassung nach sollen die Reichen einen Teil der Geldmittel, die sie in Zusammenarbeit mit den Arbeitern erwirtschaftet haben, wieder an diese abtreten.[11] Adler ist der Initiator des 1887 erbauten Phalanstère mit zentraler Küche und Gemeinschaftsräumen. Es scheint verständlich, daß ein solches Bauprojekt, das eine Kollektivierung der Lebensgewohnheiten sowie den Kauf von Wohnungen durch „Wohngemeinschaften" zu begünstigen vermag, von seiten der Immobilienvertreter nicht gerade gern gesehen wird. So lassen sie am dumb-bell neue Verbesserungen durchführen: Fließendes Wasser auf den einzelnen Stockwerken, Zementierung der Kellerböden sowie bessere Belüftung der Zimmer. Auf diese Weise wird der dumb-bell lange Zeit überleben.
Gegen Ende des 19. Jahrhunderts verliert New York endgültig den Charakter einer offenen Stadt. Der Wohnblock ist nun nicht mehr eine Art großzügig mit Bäumen bestückter Karawanserei, er ist ein einfaches Baukonglomerat mit nur sehr wenigen leeren Räumen. Die Gärten oder Höfe schrumpfen zu winzigen Innenhöfen oder Lüftungsschächten. Der Baumaßstab entwickelt sich in die Höhe, durchschnittlich von drei auf sechs oder sieben Stockwerke. Im Gegensatz dazu bleibt die ursprüngliche Wohnungsbreite von etwa 8,3 m bestehen. Die Streckung der Mietshäuser in die Höhe und in die Tiefe erfährt keinen Ausgleich durch eine entsprechende Ausdehnung in die Breite. Nach wie vor wird das Gebäude von den Brandmauern eingezwängt und abgeschottet. Später finden sich bei Meissner Anspielungen auf jene „zahllosen, nicht von Querstraßen unterteilten Häuserkarrees", die ihren Bewohnern Scheuklappen anlegen und sie auf diese Weise einsperren.[12]
Die weitere Entwicklung des tenement wird durch die rasche Übernahme des french flat bestimmt, jenes Wohnungstyps, der, im Gegensatz zur englischen, sich über verschiedene Stockwerke verteilenden Wohnung, nur auf einer Ebene gelegen ist. Gezwungen, in die Tiefe zu bauen, ohne die Gebäude in gleichem Maße verbreitern zu können, gehen die Bauherren dazu

über, sechs bis acht Zimmer zwischen den Fassaden vorzusehen, womit sie den meisten Bewohnern Fenster und Tageslicht verwehren. Eingegraben im dunklen Schoß ihrer Häuser, ist somit ein Großteil der arbeitenden Bevölkerung tiefstem Elend schutzlos ausgeliefert.

Man könnte versuchen, die Abfolge der zwischen 1860 und 1900 entwickelten Wohnmodelle zu rekonstruieren, indem man die Muster der sukzessive entworfenen Pläne zusammenträgt und miteinander vergleicht. Doch lassen sich, trotz ihrer unbestreitbaren Verschiedenheit, nur winzige Verbesserungen nachweisen. In der ersten Wachstumsphase der Gemeinschaftswohnhäuser für die arbeitenden Klassen werden zahlreiche Familienhäuser zu Mietshäusern umgebaut, ohne daß sich der ursprüngliche Grundriß verändert. In einer späteren Phase wird ein kleinerer Bau den hinteren Teil des Hofes besetzen und ausfüllen.

Mit wachsender Wohnraumnachfrage setzt sich das Modell eines tenement, das zwei Drittel und mehr der Parzellenfläche bedeckt, als die rentabelste Lösung durch. Aus der Not wird ein Gesetz: Die arbeitende Bevölkerung New Yorks findet sich mit Fensterlosigkeit und ständiger Dunkelheit der Wohnungen ab. Genau an diesem Punkt setzt die Kritik der Wohnungsbaureformer W. de Forest und L. Veiller an. Sie bemängelt die Unzulänglichkeit der Belüftung durch Lüftungsschächte, die anstelle von frischer Luft und Sonne nur wieder die bereits verbrauchte Luft in die Räume leiten.[13] Mit seiner reduzierten Zimmeranzahl pro Stockwerk (zwölf statt sechzehn) erscheint der dumb-bell als eine relative Verbesserung der Wohnqualität. Die kleinen Höfe im Innern des Gebäudes bilden im Grundriß eine Zäsur und vermitteln ein wenig die Illusion der Kopplung zweier Häuser. Trotzdem wird man diese ihrerseits hygienisch unzureichenden Wohnungen noch bis 1901 bauen. In jenem Jahr wir ein neues tenement-Gesetz erlassen.[14]

Der Alltag in einem tenement ist vor allem durch die Zusammenballung der Bewohner in kleinen Zimmern bestimmt. Deren unmittelbare Kommunikation wird durch kontinuierliches Kommen und Gehen skandiert. Beeinträchtigend auf die Wohnsituation wirken sich das Fehlen von Fenstern und Dunkelheit der Zimmer aus. Die von hohen Mauern überragten und mit Feuerleitern bestückten schmalen Höfe werden zu Müllschächten des häuslichen Abfalls. Schlauchartige Innenhöfe und Entlüftungskamine leiten Lärm und Gestank von einem Stockwerk ins nächste. Der einzige Außenkontakt ergibt sich für die Bewohner auf den Trottoirs, deren Rolle als soziales Regulativ Jane Jacobs später erkannt hat.[15] Für dieses schmutzige, nur von den Bewohnern erlebte Kapitel gibt es weder Spuren noch Zeugnisse. Eine begrenzt gültige Erklärung bietet die Tatsache, daß es, anders als beim

bürgerlichen Wohnen, nur wenige Chroniken gibt, die sich mit dem Arbeiterwohnungsbau befassen.
Die meisten Einwanderer sind in der kritischen Situation, ihre durch die Emigration verlorene Identität wiederzuerwerben sowie täglich ihren materiellen Lebensunterhalt zu sichern. Die Wohnverhältnisse betreffende Überlegungen haben für sie in dem Augenblick, als das Lebensminimum erreicht ist, nur noch sekundäre Gültigkeit. Darüber hinaus trägt die Solidarität unter den Arbeitern dazu bei, daß Familien gleicher Herkunft sich wiederum in Gruppen zusammenfinden. Folge davon ist, daß sie sich am Ende auch noch mit den eingeschränktesten Existenzbedingungen zufrieden geben. Das erklärt, trotz der Mißwirtschaft der Vermieter, ihre mangelnde Kampfbereitschaft sowie das Ausbleiben von Forderungen und Protesten. Auf Seiten der Grundeigentümer und ‚developers' sind systematische Hamsterkäufe von Grundstücken und Mietshäusern an der Tagesordnung, so daß die Nachfrage das Angebot ständig übersteigt. Auf die Dauer schaffen sie damit die Grundlage für ein florierendes Geschäft. Die aus Gründen der Spekulation erbauten Wohnungen sind für Bevölkerungsschichten mit unterstem Einkommen bestimmt, die sich in stillem Leid ohne weiteres mit dem Verfall und der mangelnden Hygiene der tenements abfinden. Dabei versäumen es die wohlhabenden Gesellschaftsschichten angesichts der pathologischen Folgen dieses Verfalls (Epidemien, Kriminalität, Amoralität) keineswegs, reglementierende Maßnahmen zu fordern, um der Gefahr der Überbevölkerung ein Ende zu bereiten. Ergebnis dieser Proteste ist eine Verbesserung der Wohnqualität mit einem entsprechenden Anstieg der Mieten, die sich von nun an oberhalb der Zahlungsfähigkeit der Armen halten. Dieser Prozeß führt zu einer neuerlichen Zusammenballung der Proletarier in ihren alten Unterkünften, die so um so schneller verfallen. Vorherrschend auf dem freien Wohnungsmarkt ist die sogenannte „Filter"-Politik, ein Verteilungsmodell, nach dem die neuen Gebäude automatisch das Gleichgewicht des gesamten Pulks an Mietshäusern wiederherstellen. Theoretisch sollten dadurch alle, auch die Ärmsten, auf ihre Kosten kommen: Sei es, daß sie eine bessere Wohnung erhalten, sei es, daß sie geringere Mieten bezahlen.[16]
In Wirklichkeit wird jedoch der Ausgewogenheit des Verhältnisses von freien Wohnungen und ständigem Bevölkerungswachstum keine Bedeutung beigemessen. In New York hat sich die Berechtigung dieses Filters niemals bewahrheitet.
Ein wesentlicher Effekt des tenement-Gesetzes von 1901 ist die Erweiterung und der Ausbau der Innenhöfe, für deren Grundfläche nun eine Mindestgröße vorgeschrieben wird. Die neuen Vorschriften veranlassen die Erbauer, mehrere Parzellen zu verbinden, um sie simultan zu überbauen. Um

1905 begegnet man zunehmend einem neuen Wohnungsgrundriß mit vier nebeneinander zur Straße gelegenen Zimmern. Obwohl hinsichtlich seiner Innenaufteilung und Außenflure immer noch unzureichend, ist dieser Miethaustyp gegenüber seinen Vorläufern doch ein Fortschritt.

Das Gesetz von 1901 läßt die Aufsplitterung der Kontrollverantwortlichkeiten zwischen Gesundheits- und Baubehörde, Feuerwehr und Polizei deutlich hervortreten. Um dieser Machtstreuung zu entgehen, wird eine Vereinigung der verschiedenen Abteilungen zu einem einzigen Amt erforderlich. Ab 1902 nimmt das Wohnungsamt unter der Leitung von W. de Forest und L. Veiller seine reguläre Arbeit auf. Um eine strenge Handhabung der Baugesetze bemüht, lehnen sie jedes Ersuchen um einseitige Bevorzugung kategorisch ab. Übrigens ist das Gesetz von 1901 bekannt als „wirklicher Versuch einer Anhebung der durchschnittlichen Wohnqualität. Sie ist eine der Komponenten eines einheitlichen Gesellschaftsideals. Man kann sie grundsätzlich nicht von Einrichtungen, wie Schulen, Kirchen und anderen Institutionen, trennen, deren gemeinsames Ziel in der Verbesserung der Existenzbedingungen liegt."[17]

Doch bleibt das Wohnungsproblem der Arbeiterklasse trotz einer strengen Regelung des Miethauswesens bestehen. Das übermäßige Wachstum der Nachbarbezirke Manhattans ist beredtes Zeugnis ihrer Bedeutung als Schlafunterkünfte. Brooklyn, dessen Bevölkerung sich in schwindelerregendem Tempo vermehrt, wird als „Nachtasyl" von New York bezeichnet.[18] Aufgrund konstant steigender Bodenpreise bleibt der Raum von Manhattan stets teurer als seine Nachbarbezirke und für bescheidene Geldbeutel daher unerschwinglich. In der up-town läßt sich der Einzelhandel nieder, in der down-town sammeln sich die Finanzen. Am Fuß der übermäßig in die Höhe getriebenen Gebäude haben sich bis heute Überreste jenes unter dem Einfluß eines florierenden Grundstücksmarktes dicht zusammengezogenen städtischen Wohnblocknetzes erhalten. An manchen Orten wurden die überlieferten Ghettos des großen Immobilienbooms vom Abriß oder von der Renovierung verschont.

Der Randel-Plan von 1811 hat die wirkliche Entwicklung New Yorks weder vorwegnehmen noch voraussehen können. Dem ursprünglichen Zuschnitt der Wohnblocks diente ein einziges Wohnmodell als Maßstab: Das Einfamilienhaus mit privatem Garten nach hinten. Es mag nicht weiter verwundern, daß sich das tenement nur mit äußerstem Druck in den dafür vorgesehenen Raum hineinzwängen ließ. Wenn die Aufnahme der Einwanderer im Gesamtplan stärker berücksichtigt worden wäre, hätte man den Wohnblocks unterschiedliche Ausmaße einräumen müssen, und die ganze Entwicklung des tenement hätte damit einen anderen Verlauf genommen.

Die Pariser Cités Ouvrières

Mit der Gründung der Société d'économie charitable* (1847) und dem Gesetzeserlaß zur öffentlichen Gesundheitspflege 1850 ist die Frage der Arbeiterwohnung Gegenstand öffentlicher Diskussionen. Grundlage für die philanthropischen Bemühungen eines Armand de Melun und seiner Freunde bildet ganz offensichtlich die Furcht vor Choleraepidemien und öffentlichen Unruhen. Der Bau neuer Häuser für die Arbeiterklasse beruht nicht nur auf hygienischen und moralischen Überlegungen zur moralischen Gesundung des Volkes; er zielt auch auf die geschäftlichen Interessen der Grundeigentümer und Bodenspekulanten.

Trotz der neuen Wohnungsgesetzgebung bleiben vor allem zwei Übel bestehen: Die Überbelegung der Wohnungen und die Höhe der Mieten. Letzterer Aspekt trägt zur Abdrängung der Arbeiter in die Vororte bei. Die „Erneuerung von Paris durch die Eingliederung der Banlieux hat den Ruin zahlreicher Industriebetriebe herbeigeführt. Diese wurden vor die beklagenswerte Alternative gestellt, sich entweder den Zollbedingungen zu unterwerfen oder aber sich außerhalb der Stadtbefestigungen anzusiedeln. Durch die Destruktion der alten Stadt wurden die Preise in die Höhe getrieben und auf diese Weise die Arbeiter in den annektierten Bereich außerhalb der ehemaligen Grenzanlagen abgedrängt."[19]

Die von Haussmann als Präfekt angeregte Neuordnung des Stadtbildes beruht auf drei Momenten: Der Aufwertung der Baudenkmäler, dem Kampf gegen unzureichende hygienische Bedingungen und der Verbesserung des Verkehrswesens.

Durch ein radiales Straßennetz, das mit Häuserblocks überbaute Stadtflächen besonders hervorhebt, während daneben ganze Zonen unberührt fortbestehen, wird Paris neu durchschnitten. In den schönen Gegenden erscheint der städtische Häuserblock wie eine räumliche Einheit, die den Wohnungsbau zu integrieren und damit die Gestaltung zu beeinflussen vermag. In dieser Hinsicht wäre die Parzellierung eher eine Funktion der Baugestaltung als umgekehrt.[20] War das Stadtbild einst vom Durcheinander unterschiedlichster Baustile geprägt, so tritt nun ein neues Ordnungsprinzip in Kraft. Die offizielle urbane Ordnung zeigt sich im regelmäßigen Verbund großer Wohngebäude, die zwischen Straße und Hof errichtet werden. Dieser Substitutionsprozeß macht die systematische Verbürgerlichung der von Haussmann umgestalteten Viertel deutlich.

---

* Gesellschaft der barmherzigen Ökonomie, A.d.Ü.

Der soziale Wohnungsbau wird zwangsläufig in jenen Stadtteilen angesiedelt, in denen die Bodenpreise niedrig geblieben sind. Die Errichtung von Wohnhäusern für die Arbeiterklasse erfolgt schrittweise, sie ist abhängig von den gerade zur Verfügung stehenden Grundstücken sowie von den Anwandlungen ihrer Planer. Und das, obwohl man angesichts der Überbevölkerung ausgedehntes Bauland hätte bereitstellen müssen, um ungehindert arbeiten zu können. Da sich die Initiativen der Grundeigentümer stets in bescheidenem Rahmen bewegen, übersteigt die Nachfrage das Wohnungsangebot auch künftig bei weitem. Folge davon ist eine andauernde Mangelsituation, die Grundeigentümer und Bauherren zu ihrem Vorteil ausnutzen. Wenn es um die Arbeiterwohnstätten geht, bezeichnet der Ausdruck „cité" zugleich die räumliche Kohärenz eines Wohnkomplexes wie auch die Existenz eines Ortes, an dem sich eine gesellschaftliche Klasse neu formiert. Die relative Isoliertheit gewisser cités ist dem Status von Militärkasernen und städtischen Krankenhäusern vergleichbar, Gebieten also, die durch eine hohe Mauer vom übrigen Teil der Stadt abgeschnitten sind. Es scheint, daß sich dieser Charakter räumlicher Autonomie inzwischen verringert hat und der Arbeiterwohnungsbau zunehmend aus seiner Isolierung herausgetreten ist. Man hat darauf hingewiesen, daß im Jahre 1866 63 Pariser Arbeiterwohnhäuser mit einer Bewohnerschaft von insgesamt 1118 Mietern von der kaiserlichen Regierung subventioniert werden.[21] Während der Weltausstellung von 1867 erfolgt eine Zählung der in Gemeinschaftswohnungen lebenden Arbeiter. Dabei werden, abhängig vom jeweiligen Überwachungstyp, drei Kategorien von cités unterschieden:
- „cités, die nur durch ein einziges Tor betreten werden können und deren Besucher Tag und Nacht von den Augen eines Concierge überwacht werden. Typ: die cité Napoleon in der rue de Rocheouart;
- cités, die tagsüber offen sind für den freien Verkehr, nachts jedoch der Überwachung eines Concierge unterstehen. Typ: die cités des Quartier de St. Maur im Besitz des Grafen de Madre;
- cités, die nach dem gewöhnlichen bürgerlichen Vorbild aus einzelnen Häusern bestehen, wie jene in der Nähe des Marsfeldes errichteten kaiserlichen Bauten. Typ: die cité in der rue Moret oder in der rue des Forges Royales."[22]

Diese Typologie ließe sich im Bedarfsfall durch morphologische Überlegungen ergänzen, wobei dann auch jene von Napoleon III. in der avenue Daumesnil aus Einfamilienhäusern bestehende cité ouvrière genannt werden müßte.[23] Doch existieren diese verschiedenen Arbeiterwohnstätten nicht in „reiner" Form, es besteht die Tendenz zu Überschneidungen zwischen den verschiedenen Modellen.

Grundsätzlich stimmen die Interessen derer, die die cités errichten, darin überein, die Arbeiter an ihre Wohnungen zu gewöhnen und mit ihnen zu verwurzeln. „Die Unstetigkeit der Arbeiter ist ein Übel, für das der Bau billiger Arbeiterhäuser die beste Arznei darstellt. Und das beste Mittel, sie in den Genuß aller Vorteile ihrer Wohnungen kommen zu lassen, besteht darin, sie zu Eigentümern zu machen."[24] In den Augen der Herrschenden verkörpert die cité von Mühlhausen das Ideal einer Arbeiterwohnung, doch ist es aus Gründen des Raummangels nicht immer möglich, dieses Modell anzuwenden.

Durch die relativ geringe Anzahl von Wohnungen in einer cité und ihre Überwachung erfolgt die Fixierung des Pariser Arbeiters an seine Wohnung um 1860 ohne nennenswerte Schwierigkeiten. Die Achtung vor der sozialen Ordnung und die erhöhten Mieten werden zu Stützpfeilern der Gemeinschaftswohnunterkünfte. Eine dezidierte Ansicht zu diesem Thema äußert Graf Adrien de Madre, der zwischen 1852 und 1863 zwei cités im Viertel von St. Maur für eine Gesamtbevölkerung von 6000 Bewohnern erbauen läßt: „Die Arbeiterwohnungen sollten von reichen Personen erbaut werden, so wie es übrigens in England gehandhabt wird. Aus den Geldern, die sie dort investierten, zögen sie weitaus größere Gewinne als aus dem Verkauf ihrer ländlichen Güter; Leid und Zahlungsunfähigkeit der Arbeiter hätten sie nicht mehr zu fürchten, ebensowenig wie Viehseuchen, Hagel und alle möglichen anderen Verluste, die einen Pächter häufig ins Elend stürzen und den sie dann, obwohl er gar nicht oder schlecht bezahlt, nicht des Landes verweisen können."[25]

Angesichts des zahlenmäßigen Anwachsens der arbeitenden Pariser Bevölkerung, die um 1866 auf 442 000 geschätzt wird, beugt man möglichen revolutionären Wogen durch Auslagerung der Arbeiterkolonien vor. Das Prinzip der im sozialen Wohnungsbau angewandten Gebietsaufteilung ergreift den gesunden Menschenverstand und wird dann auch auf der Ebene einzelner Gebäude oder Häuserblockpartien angewandt. Beim Bau von Arbeiterwohnungen stehen sich im wesentlichen zwei Anordnungen gegenüber: Auf der einen Seite die Phalanstère, die entsprechend den Fourierschen Lehren eine gemeinschaftliche Nutzung der außerhalb der Wohnung befindlichen Räume vorsieht; auf der anderen die Zusammenlegung einer begrenzten Anzahl von Wohnungen um einen zentralen Treppenaufgang mit dem Ziel einer verstärkten räumlichen Segregation. Der Schnitt der Mietskasernen wird somit alternativ von zwei Modellen beeinflußt, was den Anhängern oder Gegnern der jeweiligen Systeme reichlich Zündstoff für Auseinandersetzungen gibt. Nicht unwesentlich für die Einnahme der Positionen in diesem Konflikt zwischen den gegensätzlichen Prinzipien der Zu-

sammenführung oder Trennung der Haushalte ist der Einfluß des englischen Architekten Henry Roberts.²⁶
Unter dem Gesichtspunkt ihrer Verwurzelung mit der Stadt bieten die Pariser cités, abhängig von dem je besonderen System der Raumaufteilung, ein aufgelockertes morphologisches Bild. Neben quadratischen oder rechteckigen Innenhöfen gibt es Grundrisse, mit – je nach Schnitt des Wohnkörpers – Einfach- oder Doppelfluren. Eine häufig angewandte Lösung besteht in der Verlängerung der Straße ins Innere des Häuserblocks mit einer entsprechenden Dehnung der Häuserfront. Die Einführung einer regelrechten Geographie von Zwischenräumen vergrößert die Distanz zwischen den Wohnungen und die Separation der Haushalte.²⁷

In Frankreich unterliegt der Bereich des Wohnungsbaus im 19. Jahrhundert keiner Normalisierung wie etwa derjenigen in Deutschland oder England. Lange Zeit scheint er zwischen verschiedenen Typen zu schwanken: dem großstädtischen Mietshaus, dem Bürgerhaus, der cité ouvrière und dem Einfamilienhaus (pavillon).²⁸ Zudem ist das Wohnen abhängig von einer Reihe variierender Faktoren; dazu gehören „alle äußeren Wohnbestandteile, die gemeinschaftlich oder individuell genutzt werden können, wie Flure, Gänge, Treppenhäuser, Gemeinschaftstoiletten, Höfe, Durchgänge, Passagen, Sackgassen, Gäßchen und angrenzende Pferde-, Kuh- oder Schweineställe."²⁹

Die Gestaltungsformen dieser zusätzlichen Räume bleiben in ihrer Morphologie notwendigerweise vielfältig. Neben den Bedingungen ihrer Einfügung in den Pariser Häuserblock sollte man den Veränderungen im Innern der Arbeiterwohnung Beachtung schenken. Zwar erleichtert die zunehmende Trennung von Wohn- und Arbeitsstätte eine Systematisierung der Wohneinheiten, doch ist nicht jeder bebaute Raum auch automatisch wie in der Vergangenheit bewohnbar. Man baut nicht mehr ausschließlich im Sinne einer maximalen Nutzung der zur Verfügung stehenden Grundstücksfläche, sondern gemäß einem inneren Organisationsprinzip. Die Arbeiter-cités sind von einer eigenen Rationalität. Charakteristisch dafür ist „die Art, im Innern ein und desselben Raumes Haus und Straße, innere und äußere Räume zu vereinen".³⁰ Durch diesen Prozeß, die Wohnungen an ihrer inneren Struktur auszurichten, erhält die gesamte Bauwirtschaft allmählich ein neues Profil. Raumaufteilung und Bauweise, früher dem Zufall überlassen, werden mehr und mehr systematisiert. Erstmals genügt die Arbeiterwohnung auch hygienischen Anforderungen. Gleichwohl verläuft der Veränderungsprozeß langsam und punktuell. Der verzeichnete Fortschritt ändert nichts am Fortbestand hygienisch unzureichender Wohnungen.
Vor allem die Ökonomie der Raumaufteilung wird auf diese Weise refor-

miert. Das Bemühen um eine Verbesserung der hygienischen, funktionellen und klimatischen Verhältnisse erstreckt sich vom Grundriß bis zur Inneneinrichtung. Die Praktiken der Immobilienspekulanten führen zu einer Beschränkung der den Familien zugeschriebenen Wohnfläche. Bis zum Ende des 19. Jahrhunderts belaufen sich die anerkannten Normen einer fünfköpfigen Arbeiterwohnung auf zwei Zimmer von insgesamt 30 m².[31] Aus Gründen der Raumersparnis erhöht sich die Anzahl der Wohnungen auf einem Stockwerk, wohingegen die Grundflächen der Korridore und Treppenhäuser so weit wie möglich reduziert werden. Der Erfindungsgeist der Bauherrn zeigt sich insbesondere darin, vier benachbarte Wohnungen von einem 3 qm² großen Treppenpodest zugänglich zu machen. Durch Eliminierung vermeintlich unnützer Flächen außerhalb der Wohnungen kommt es zu einem Anstieg der Mieten.

Wie sollte man demnach die Pariser Arbeiterschaft unterbringen, wenn man die Teuerung der Grundstückspreise und die extreme Streuung der Industrieeinrichtungen, in denen sie arbeitet, in Rechnung zieht? Eine Antwort auf diese Frage gibt die Entwicklung der Hochbauweise. Die cité ouvrière wird aufgerichtet wie eine Festung, in der Gemeinschaftseinrichtungen den Komfort bieten, der nicht jeder Familie individuell gewährt werden kann.[32] Villermé kritisiert in diesem Zusammenhang die Anlage der cité Napoléon – eine entlegene Reminiszenz an die Phalanstère –, die sich, verglichen mit anderen Mietskasernen, durch eine relative Großzügigkeit ihrer Treppenhäuser und Podeste auszeichnet. „Und übrigens, hat man den Grundriß etwa so gehalten, daß Gespräche aus dem benachbarten Zimmer einer anderen Familie nicht zu hören sind? (...) Man weiß, daß Gespräche die Nachbarn von ihren Haushaltssorgen ablenken und Störfälle, Streitigkeiten, Feindschaften und Faulenzermanieren herbeiführen."[33] Die Kritik erhält zusätzlich Gewicht durch eine Feststellung Moreaus, wonach die tatsächlich zu einer Bevormundung gewordene Fürsorge des Vermieters für seinen Mieter diesem die „Mühe erspart, selbst für sich und die seinen zu denken und besonders den moralischen Antrieb und das Verantwortungsgefühl schwächt."[34]

Einige Beobachter glauben, daß Gemeinschaftseinrichtungen im Innern der Gemeinschaftswohnhäuser eine Zerstörung der Familie und der moralischen Gewohnheiten nach sich ziehen. Die Gemeinschaft der Arbeiter wird einer politischen Gruppierung gleichgestellt. Um einer Verwüstung der öffentlichen Moral durch sozialistische Ideen entgegenzuwirken, schlägt man vor, die gemeinschaftlichen Wohnpraktiken entschieden zu verwerfen. „Die arbeitende Bevölkerung sollte ihrem Heim soviel Achtung entgegenbringen, daß sie einem System getrennter Treppenaufgänge gegenüber einem

System mit nur einer Treppe, die alle Räume über einen einzigen Flur zugänglich macht, den Vorzug gibt", schreibt Ameline 1866.³⁵ Ziel der Bauherren ist es, die Unabhängigkeit der Haushalte zu vergrößern, um Störungen im Zusammenwohnen zu vermeiden. Ein Widerspruch bleibt indes bestehen, der zwischen der durch hygienische und moralische Überlegungen motivierten Distanz der Familien und der ökonomisch bedingten engen Anordnung der einzelnen Wohnungen.

Sicherster Garant des sozialen Friedens ist die Annäherung der cité ouvrière an das bürgerliche Mietshaus. Zugleich bietet sie die sichere Gewähr für einen Bodenzins auf dem Hintergrund kleinstmöglicher Risiken und bekannter Voraussetzungen. Hinzu kommt, daß man dem Arbeiter auf diese Weise die Zugehörigkeit zum bürgerlichen Stand vorspiegeln kann, und zwar zu einem äußerst niedrigen Preis, nämlich durch die Existenz seines eigenen Zuhause. Die urbane Ordnung gewinnt dadurch noch an Kohärenz. Unfreiwillig übernehmen die Bewohner Polizeifunktionen, indem sie ihre Mitbewohner selbst überwachen.³⁶ Die „Hausordnungen" entstehen auf dem Hintergrund dieser Sichtweise. Die Trennung zwischen privatem Wohnraum und öffentlichem Bereich wird total.

Die Gesetzgebungsdebatte über die Arbeiterwohnung, die schließlich zur Verabschiedung des Gesetzes vom 30. November 1894 führt, nährt sich von den Einwänden derer, die Verletzungen des Eigentumsgrundsatzes fürchten. Sie vergleichen den Begriff des Privateigentums mit dem einer „Jungfräulichkeit, die nie wieder zu erlangen ist, wenn man sie einmal angetastet hat".³⁷ Die Initiatoren der 1889 gegründeten „Société française des habitations à bon marché", insbesondere Georges Picot und Emile Muller, sehen das Problem der Arbeiterwohnungen eher unter dem Gesichtspunkt einer sozialen Pflicht als in ökonomischen Zusammenhängen. 1890 schreibt Georges Picot in einer Mitteilung an die „Academie des Sciences morales et politiques": „Solange der Staat keine Initiative ergreift, die jede Barmherzigkeit und Fürsorge unterdrückt, steuern wir einem moralischen Bankrott entgegen."³⁸

Liberale und Christlich-Soziale vertreten einmütig die Ansicht, daß sich die Frage des Arbeiterwohnens von selbst lösen wird und auf keinen Fall von einer Initiative der öffentlichen Mächte abhängen sollte. Eine Moralreform, „die das Wechselverhältnis von Treue und Dienst wiederherstellt", erscheint als die angemessene Antwort auf die soziale Frage, da die beklagte Not einzig der mangelnden Moral seitens der Arbeiter anzulasten sei.³⁹ Aufgrund der Interdependenz zwischen dem sozialen Gleichgewicht und der Rentabilität des Bodens wird das Schicksal der Arbeiterwohnung notwendigerweise auch weiterhin vom guten Willen einiger aufgeklärter Philanthropen abhän-

gen. Die Angemessenheit seiner Lösung der Arbeiterwohnungsfrage unterstreichend, schildert der Architekt Emile Cacheux seinen Doppelerfolg als Bauherr und Eigentümer mit folgenden Worten: „Dieses Haus (1848 für insgesamt hundert Haushalte erbaut) bringt jährlich 25 000 Francs ein, wobei ich kaum 300 bis 500 Francs infolge von Ausfällen oder schlechten Mietern verliere. Tatsächlich sind die Mieten meiner Wohnungen nicht sehr hoch, und meine Mieter leben daher in der ständigen Furcht gekündigt zu werden, wenn sie sich nicht gut führen."[40]
Die Verschärfung der Krise im Arbeiterwohnungsbau scheint die logische Konsequenz der Arbeit von Haussmann zu sein, für den die Sozialwohnungen nur eine unerhebliche Rolle spielen.[41] Als Präfekt trifft er keinerlei Vorsichtsmaßnahmen, um der Gefahr einer neuerlichen Entstehung von Elendsquartieren zu begegnen, außer daß er einige abreißen läßt, um neue Straßen hindurchzuführen.[42] Unter diesen Bedingungen bleiben die Pariser Arbeiter dem unerbittlichen Gesetz der Eigentümer unterworfen.
Durch unmerkliche Korrekturen am unmäßigen Schnitt der ehemaligen Häuserblocks führt die Haussmannsche Stadtplanungspolitik zu einer Anhebung der Bodenrente. Sie begünstigt auf diese Weise die Ausweitung bürgerlicher Wohnformen. Janzé schreibt 1869: „Es war ein grundlegender Irrtum zu glauben, daß man, ohne die Mieten anzuheben, vier- bis fünftausend Häuser mit für jeden Geldbeutel erschwinglichen Appartements, Wohnungen und Läden niederreißen könne, um neue Häuser an ihre Stelle zu setzen, in denen es, außer einigen an die Bleidächer Venedigs erinnernde Wohnungen nur noch Appartements für die vom Schicksal begünstigten gibt."[43] Andererseits werden die vom Stadtzentrum entfernteren Bezirke, für die sich die Notwendigkeit ergibt, die Sozialwohnungen neuen Typs aufzunehmen, nur in ungenügendem Maße umgestaltet. Die Arbeiter, die gezwungen sind, an den Stadtrand zu ziehen, leiden unter der gleichen Rechtsunsicherheit wie jene, die den Schraubstock der Bodenspekulation in Kauf nehmen und unvergleichlich hohe Mieten bezahlen, um im Zentrum von Paris bleiben zu können.

Die Berliner Mietskasernen

Im Jahre 1871 wird Berlin Kaiserresidenz und Reichshauptstadt. Die Bevölkerung der neuen Metropole stammt vorwiegend aus dem preußischen Hinterland. Gegen Ende des Jahrhunderts sollte die Zahl der Berliner vier Millionen betragen und damit, nach einem verbreiteten Scherz, die größte *Stadt-Kaserne* der Welt sein. Die gesamte Stadt verbindet sich während dieses unvergleichlichen Aufschwungs allmählich mit der Friedrichstadt Friedrichs II., jenem echten Stadtkern, wo breite Alleen die nach dem Vorbild neuer niederländischer Bauten errichteten Häuserblocks regelmäßig durchschneiden.[44] Die monumentale Strenge der Straßenfluchten verleiht den kaiserlichen Vierteln ihre Einheit.

Friedrich II. trägt dafür Sorge, daß Soldaten mit ihren Familien und zivile Haushalte unter einem Dach wohnen können und vollzieht damit einen ersten Schritt zur Verbreitung der Kasernenbauweise. Regimentern gleich wird die Bevölkerung in die hoch gebauten Blocks eingewiesen. Das bekannte Bild der Mietskaserne ergibt sich aus der Gleichstellung von Wohnung und Garnison.

1853 löst eine neue Bauvorschrift die bis dahin immer noch gültige Verordnung von 1641 ab. Wesentliches Ziel dieser Vorschrift ist die Bekämpfung der Brandgefahr: Die Außenmaße der Gebäude werden abhängig gemacht von den an sie grenzenden Freiräumen. Eine ausdrückliche Bestimmung besagt, daß mit dem Einsturz einer brennenden Fassade die auf der anderen Straßenseite liegende Häuserfront nicht beschädigt werden darf.[45] Allgemein üblich wird nun die Ausführung eines (einschließlich Keller) siebenstöckigen Wohnhauses. Durch diesen Liberalismus erscheinen Übervölkerungsraten von bis zu 600 Bewohnern auf einer Parzelle von 1000 qm², eine anomale Bevölkerungsdichte also, als gerechtfertigt. Die Bodenspekulation entwickelt sich prächtig mit der unaufhörlich anwachsenden Wohnraumnachfrage.

Die offizielle Verabschiedung des „Neuesten Bebauungsplans Berlin mit nächster Umgebung" aus dem Jahre 1862 bestimmt die Struktur der neuen Außenbezirke.[46] Mit seiner Durchführung ist der ehemalige Landwirt und neue Bevollmächtigte James Hobrecht vertraut. Ihm überträgt man das Bauamt für Wasserstraßen, Wege und Eisenbahnen des Berliner Polizeipräsidiums. Zu dieser Zeit hat Hobrecht noch keine Erfahrung als Städteplaner. Seine Aufgabe ist rein technischer Art. Sie besteht darin, die Aufgaben des neuen Straßenbauamtes abzustecken und die Außenbezirke so anzulegen, daß sie den Bevölkerungszustrom eindämmen. Tatsächlich ist die gestellte Aufgabe sehr komplex, denn es geht darum, die urbane Ausdehnung auf der Grundlage einer radial-konzentrischen Struktur hervorzuheben und die Einheit der Metropole zu wahren.

In seiner Arbeit offenkundig durch keinerlei Auflagen beeinträchtigt, dehnt Hobrecht das vorhandene Wegenetz aus. Er skizziert neue Gebäudefluchten, ohne die Morphologie der künftigen Häuserblocks im einzelnen festzulegen. Grundlage seiner Modulationen des Straßennetzes bildet eine Abstufung von sechs verschiedenen Straßentypen, von denen einige durch Baumreihen geschmückt sind. Der Plan ist einheitlich und tritt bald an die Stelle aller Teilbereichspläne Berlins. Zunächst figuriert die Friedrichstadt als sein implizites Vorbild. Später kommt das Paris Haussmanns hinzu. Die *geschlossene Bauweise* besteht in der Errichtung großer Wohnblocks links und rechts der breiten Straßen mit Höfen oder Gärten auf ihrer Rückseite. Tatsächlich dient die Straßenfassade (der Träger urbaner Identität) vor allem auch dazu, das lückenhafte Antlitz der in den Hinterhöfen errichteten Gebäude zu verstellen. Bezeichnenderweise hält es Hobrecht für ratsam, die traditionellen Wahrzeichen Berlins, die Lindenalleen und die kleinen Ziergärten, in seinem Plan zu berücksichtigen.

Der Hobrecht-Plan ist zugleich vielfältig und erfinderisch, was den Schnitt der öffentlichen Plätze und Wege betrifft. Dann zeugt er aber auch von echter Monotonie und Wiederholung im Hinblick auf die Bauweise der Häuserblocks. Die Kreuzungen sind teils strahlenförmig gehalten, teils mit Squares versehen. Bis 1919 wird das Überleben des Hobrechtplans durch die im allgemeinen breiten Straßen gesichert, wenn auch zwischenzeitlich, insbesondere durch Einbruch der Eisenbahn in die urbane Geographie, einige Korrekturen notwendig werden.[47] Hobrechts Bemühen um eine Gestaltung des öffentlichen Bereichs korrespondiert dem Entschluß, sich nicht in private Belange einzumischen.

Die Baugrundstücke werden zu gewaltigen rechteckigen Parzellen zusammengefaßt, deren Seiten mehrere hundert Meter Länge erreichen. Da es den Grundstückseigentümern rechtens erscheint, für die Finanzierung der ihre Grundstücke verbindenden Straßen aufzukommen, tritt das Straßenbauamt verständlicherweise praktisch nicht in Erscheinung. Als geschickter Vermittler zwischen den verschiedenen Interessenslagen kann Hobrecht die privaten Unternehmer zur Übernahme der zusätzlichen Kosten bewegen, und zwar ohne Zwangsmaßnahmen, die ihre Initiativen zweifellos beeinträchtigt hätten. Auf diese Weise entsteht ein weitmaschiges städtisches System, das jedoch die maßlose Verworrenheit der verschiedenen Bauarten nur mühsam zusammenhält. Wenn der Hobrecht-Plan vor allem in den Berliner Vorstädten insgesamt gewissenhaft durchgesetzt wird, so ist das ein Zeichen dafür, daß er die Höhe der Bodenrente für die Investoren attraktiv gestaltet.

Das schon zu Anfang des 19. Jahrhunderts in Berlin verbreitete Prinzip der Kasernenbauweise dehnt sich durch die Verkettung schmaler und länglicher Bauparzellen auf ganze Stadtviertel aus. Bei diesem Verfahren der Zusammenfügung beginnt man mit einem zur Straße gelegenen vorderen Miets haus, das sich in zwei rückwärtige Seitenflügel zum Hof verlängert, die oft nur die Tiefe eines Zimmers haben. Es folgt ein zweites Gebäude, das sich

zwischen zwei Hinterhöfe einschiebt. Und so skandieren vier, fünf oder sechs aufeinander folgende Höfe den Bereich zwischen zwei parallelen Straßen. Für den Fall, daß benachbarte Eigentümer Abkommen zu treffen haben, trägt ihre Interessenharmonie gewöhnlich zu noch größerer Baudichte bei.
Im allgemeinen jedoch handelt jeder auf eigene Faust und beutet die Baumöglichkeiten seiner Parzelle bis an ihre Grenzen aus, ohne sich um den Zustand der Nachbargrundstücke zu kümmern.
Die spezifische Art der Nutzung der Mietskasernen bringt für die ansässige Bevölkerung zahlreiche soziale Segregationsmaßnahmen mit sich. Der soziale Status einer Wohnung bemißt sich danach, ob sie zur Straße oder zum Hof gelegen ist, ob sie sich in der bel étage, im Keller oder unterm Dach befindet. Hobrecht preist die Vorteile des alltäglichen Nebeneinanderlebens verschiedener sozialer Klassen im Innern der Gebäude an. Er sieht darin einen Beweis für die mögliche Solidarität vom Schicksal ungleich begünstigter Bewohner.
„Nicht ‚Abschließung', sondern ‚Durchdringung' scheint mir aus sittlichen und darum aus staatlichen Rücksichten das Gebotene zu sein. In der Mietskaserne gehen die Kinder aus den Kellerwohnungen in die Freischule über denselben Hausflur wie diejenigen des Rats oder Kaufmanns auf dem Weg nach dem Gymnasium. Schuster Wilhelm aus der Mansarde und die alte bettlägerige Frau Schulz im Hinterhaus, deren Tochter durch Nähen oder Putzarbeiten den notdürftigen Lebensunterhalt besorgt, werden in dem I. Stockwerk bekannte Persönlichkeiten. Hier ist ein Teller Suppe zur Stärkung bei Krankheit, da ein Kleidungsstück, dort die wirksame Hilfe zur Erlangung freien Unterrichtes oder dergleichen, und alles das, was sich als *Resultat* der gemütlichen Beziehungen zwischen den gleichgearteten und wenn auch noch so verschieden *situierten* Bewohnern herausstellt, eine Hilfe . . ."[48]
Soweit Hobrechts begeisterte, aber idealistische Vision über die Möglichkeiten des Zusammenwohnens und -lebens im Innern der Berliner Gesellschaft. Neben der Rolle des Technikers und der des Stadtrats übernimmt er hier auch noch die eines moralischen Hüters des Gemeinwohls. Hobrecht wird zum Verkünder des sozialen Friedens, indem er erklärt, die Vermischung der verschiedenen Bevölkerungsschichten bewahre Berlin vor einer Teilung in arme und reiche Viertel, wie sie in London besteht.
Der Plan von 1862 schreibt den verschiedenen Stadtbezirken keine genauen Funktionen zu. Dagegen sieht man seine Bedeutung für den Bau neuer Wohnungen, jener ausgesprochen seltenen Ware, die denen, die sie ausbeuten, große Gewinne sichert. Man nimmt an, daß die Mietskasernen den Ber-

linern nicht nur zu Wohnzwecken dienen, sondern darüber hinaus andere Vorteile bringen. Dennoch erhebt Rudolf Eberstadt, Theoretiker und Wohnungsreformer, gegen Hobrecht den entschiedenen Vorwurf, eine ganze Stadt ausgehend von einem einzigen und erbärmlichen Bautyp, der Kaserne, konzipiert zu haben. Nach Eberstadt liegen die Mängel der Mietskaserne in der Anonymität des Zusammenlebens, in der mangelnden Zimmerzahl pro Wohnung, im Fehlen von Belüftungsmöglichkeiten, von Licht und Sonne, und in der totalen Abhängigkeit von Wetter- und Temperaturschwankungen.[49]

Gemessen an den optimistischen Prognosen verschlechtern sich die Lebensbedingungen innerhalb der Mietskasernen rapide.[50] Mehr als fünfzig Familien öffnen ihre Fenster zum gleichen Hof. Zum bereits bestehenden Problem der Übervölkerung gesellt sich das wachsender Promiskuität hinzu.[51] In den meisten Fällen sind die Wohnungen nur zu einer Seite hin annehmlich gebaut. In den Winkeln der Hinterhöfe findet sich immer wieder das nur zu bekannte *Berliner Zimmer*, eingeschlossen zwischen vier blinden Mauern und belichtet nur durch ein in einer Ecke befindliches kleines Fenster.[52]

Durch eine neue Wohnungsbauverordnung, die den Nutzungsfaktor des Bodens und die Bauhöhe eingrenzt, wird die Nutzung des städtischen Raumes 1887 einheitlich geregelt. Diese für die Bauherrn erträglichen Maßnahmen ändern jedoch nichts am System der Kasernenbauweise. Sie ermöglichen ihnen sogar die fünffache Ausbeutung der Grundstücksflächen. Die fünfgeschossige Bauweise setzt sich in Berlin allgemein durch. Nach einer 12 Jahre anhaltenden Flaute beginnt nun eine neue Ära der Bodenspekulation, die bald auf alle Berliner Vororte übergreift.[53] Trotz dieser Erleichterungen für die Grundeigentümer bleiben die sanitären Einrichtungen äußerst mangelhaft. Häufige Lücken im Kanalisationsnetz haben zur Folge, daß der Einbau von Toiletten dem Zufall überlassen bleibt. Die Trinkwasserversorgung der Häuser wird privat geregelt. Jeder Eigentümer hat somit auf die tägliche Versorgung eines unter dem Dach befindlichen Wasserbehälters zu achten.[54] Diese Unzulänglichkeiten vermögen jedoch die zügellose Vermehrung der Gebäude nicht einzudämmen.

Bevor sich gegen Ende des Jahrhunderts ein bekannter Reformer für eine „Entkasernierung" und die Einführung der Gartenstadt in Berlin ausspricht, gilt die Mietskaserne in den Augen der Mächtigen und der Spekulanten als die Lösung der Arbeiterwohnungsfrage mit den wenigsten Nachteilen. Ein Beweis für die relative Vollkommenheit dieses Modells ist seine Funktionstüchtigkeit als Auffangsystem mit großer Fassungskapazität für die Bevölkerungsströme. Der ansehnliche und gepflegte Außenanstrich der Straßenfassaden verdeckt die Realität im Innern der Hinterhöfe. Auf beruhigende Weise symbolisierte das Nebeneinander der Mietskasernen eine soziale Struktur, in der das Kleinbürgertum das durch seinen Ort im Hof sukzessive abgestufte Proletariat einrahmt und abschirmt. Die Berliner Stadtverwaltung scheint sich in erster Linie für die Physiognomie der Straße zu interessieren, deren Flanken nur diejenigen bewohnen, die in der Lage sind, auf großem Fuß zu leben. Die Bevölkerung der Hinterhöfe entzieht sich dem Blick der Beobachter, die dem Schauspiel dieser Stadtkulisse weiter keine Aufmerksamkeit zuwenden.

Die Vororte Wedding, Kreuzberg und Neukölln sind geprägt von der durch den Hobrecht-Plan eingeführten Einheitsgeometrie, d. h. vom immergleichen und unermüdlich wiederholten Typ eines unergründlichen und düsteren menschlichen Bienenschlags. Während die Straßen im Dekor einer strengen Architektur ihre Würde bewahren, beschwört der Eintritt in die Höfe zugleich Ghettobilder der Abgeschlossenheit. Ihre Fassaden sind nackt, dunkel und schuppig, und nur selten werden sie von der Sonne gestrichelt. Der stumme Dialog zwischen den hohen blinden Mauern und den hunderten von identischen Fenstern ist deutlicher Ausdruck für den Abstieg der Arbeiterhaushalte zu den untersten gesellschaftlichen Rängen in der Stadt. Von Abfällen übersäte Höfe laden die Bewohner nicht gerade ein, sich dort aufzuhalten. Sie fungieren lediglich als Passage, die die Bewohner auf ihrem Weg nach Hause rasch durcheilen.

Das System der Einschließung der Bewohner reproduziert sich seinerseits im Innern der Häuser. Ein dunkles und steiles Treppenhaus verbindet die einzelnen Stockwerke, auf denen sich jeweils bis zu fünf Wohnungen befinden. Der Grundriß einer Familienwohnung besteht ausschließlich aus *Stube und Kammer*. Zwei Zimmer und zwei Fenster „genügen" den Bedürfnissen der Haushalte und ihrer Schlafgänger. Das Kasernierungsprinzip hat inzwischen einen solchen Wirkungsgrad erreicht, daß sein Beispiel aufgegriffen und nachgeahmt wird, so als handele es sich dabei um eines der schönsten Schmuckkästchen für die Arbeiterklasse.

Als ein Beispiel liberalistischer Stadtplanung bleibt die Entwicklung Berlins der Initiative der Grundstückseigentümer überlassen. Trotz des Kasernierungsmodells und der Weisungen des Hobrecht-Plans geben die Bauherrn bei der Vermehrung der Wohnkästen den Ausschlag, wobei sie sich der Verpflichtung entziehen, ihnen direkten Zugang zu den öffentlichen Mitteln zu sichern. Zwischen privaten Planern und den Behörden kommt es zu einer beachtlichen „Zusammenarbeit", die ersteren die angestrebten Gewinne sichert. Die Berliner Arbeiterschaft findet sich mit diesen merkantilen Praktiken ab und erklärt sich mit der „loi des marchands de sommeil" einverstan-

den. In den Augen der Immobilienspekulanten sollte die Bodenrente aus den mit Mietshäusern überbauten Grundstücken ebenso hoch sein wie in den besseren Wohnvierteln mit ihren luxuriösen Wohnhäusern.[55]
Bereits 1850, also zwölf Jahre vor der offiziellen Verabschiedung des Hobrecht-Plans, errichtet die Berliner Gemeinnützige Gesellschaft ein Wohnhaus in der Schönhauser Allee. Der Wohnungsbauplan berücksichtigt die zweifache Himmelslage der auf zwei Seiten eines zentralen Flures gelegenen Zimmer. Dieses im Verlauf des 19. Jahrhunderts beständig reproduzierte Wohnmodell gilt zu seiner Zeit als fortschrittlich. Als Beweis führt man an, daß den Arbeiterwohnungen die gleichen Vorteile wie den Bürgerhäusern zukommen. Im Jahre 1852 besichtigt Zar Nikolaus I. von Rußland die Wohnungen in der Schönhauser Allee und macht ihren Erbauern als Zeichen der Anerkennung und um ihr Vorhaben zu fördern, ein Geschenk über eine Summe von 1000 Dukaten.[56] Doch bleibt dieses Wohnmodell auch künftig die Ausnahme. Obwohl es gegenüber den herkömmlichen Kasernen einen Fortschritt darstellt, vermag es die Bauherren doch nicht zu bewegen, seinem Beispiel zu folgen und einer Klasse, deren Wohnbedürfnisse natürlicherweise bescheiden zu sein scheinen, großzügigere Wohnflächen einzuräumen. Sie ziehen es vor, bei gleicher Kostenlage vermehrt Zwei-Zimmer-Wohnungen zu erbauen, von denen sich vier oder fünf um ein gemeinsames Treppenhaus anordnen lassen.
So befindet sich auf dem engen Raum einer Berliner Parzelle die zwischen Straße und Hof gelegene Bürgerwohnung mit zentralem Flur in unmittelbarer Nachbarschaft zu den ausschließlich zum Hof gelegenen Wohnungen der Arbeiter. Zwischen beiden Modellen besteht also kein offener Antagonismus als vielmehr eine Gesellschaftsmoral, deren Wunsch es ist, daß zwei Klassen trotz ihrer sozialen Unterschiede zusammen leben können und sich darüber hinaus gegenseitig unterstützen. Die engen Wohnunterkünfte der Arbeiter werden somit keineswegs nur als Übergangslösungen auf dem Weg zu größeren Wohnungsmodellen nach bürgerlichem Vorbild gesehen, sie sind vielmehr ein Minimum, das man für das Leben der Arbeiter als angemessen erachtet. Ihr Fortbestehen im heutigen Berlin – zumal ohne nennenswerte Änderungen der Raumaufteilung im Innern der Wohnungen – gemahnt an den Aufbruch eines Systems, das die Schaffung eines Arbeitskräftevorrats für das Industriekapital in der Stadt ermöglicht.
Ausgehend von diesen Feststellungen müßte man sich fragen, was für die Stagnation im Massenwohnungsbau ausschlaggebend ist: Der Hobrecht-Plan oder die Bodenspekulation. Man könnte den vorläufigen Schluß ziehen, daß Hobrecht, entgegen seinen Absichten, dem Mißbrauch durch die Bauherrn der Mietskasernen Vorschub geleistet hat, indem er einen zu libera-

len Plan in ihrem Sinne vorbereitete. Aufgrund der unzureichenden Beweislage scheint es jedoch schwierig, ihn als den Alleinverantwortlichen hinzustellen, wie Eberstadt es tut, wobei er ihn beschuldigt, sich den Spekulanten unterworfen zu haben. Ebenso zweifelhaft scheint es jedoch, ihn zu verteidigen und, wie Heinrich*, zu behaupten, er sei von den Auswirkungen seiner Arbeit eingeholt worden. Alles in allem ist Hobrecht nur das wesentliche Rad in einem Getriebe urbaner Kolonisation, das bereits lange vor seiner Zeit zu arbeiten begonnen hat.

Massenwohnungsbau und Urbanität

Mit Beginn des Industriezeitalters erhalten die Hauptstädte in der Regel ein neu konzipiertes Straßennetz. Das neue Netz verbindet die alten erweiterten Verkehrsadern mit den frisch angelegten Verbindungsachsen. Diese Vermittlung vergangener und künftiger Verkehrssysteme erfolgt in einem Gesamtplan, der eine Ausweitung der Zentren zur Peripherie vorsieht. Ob es sich dabei um ein kaiserliches Dekret oder das einfache Ergebnis einer Magistratsvorsorgemaßnahme handelt, in jedem Fall hat der Plan den Charakter eines Diktats, das die Grundstücks- und Baupolitik der kommenden Generationen festlegt. Die Bestimmung der Ausmaße der neuen urbanen Geographie hat schwerwiegende Konsequenzen für die fortschreitende Überbauung des städtischen Bodens.

Die Neugestaltung des Straßennetzes durch Haussmann wird von den Vertretern des gemäßigten Flügels in Frage gestellt. „Dagegen sollte man verhindern, daß die Interessengruppen in den Geschäftsvierteln mit großer Bevölkerungsdichte durch die neuen Straßen voneinander abgeschnitten werden; man sollte sich davor hüten, den natürlichen Verkehrsverlauf durch diese beliebig angeordneten Durchbrüche zu verändern. In diesen Vierteln sollte man sich darauf beschränken, eine gewisse Anzahl zu schmaler Straßen zu verbreitern, Engpässe und gefährliche Kurven verschwinden zu lassen und schließlich die Straßenschäden auszubessern."[57] Und der gleiche Kommentator der Planungsinitiativen Haussmanns beeilt sich hinzuzufügen, daß jedes Mal wenn eine neue Straße Grundstücke im Wert von 50 bis 100 Francs pro qm² durchquert, Spekulanten die Preise auf 500 oder 600 Francs ansteigen lassen.

---

* Vgl. die Literaturübersicht im Anhang (a.d.Verl.)

Die Verkehrswege haben nicht nur die Aufgabe, die Bevölkerungsströme zu kanalisieren, sie geben darüber hinaus einen detaillierten Einblick in das Stadtbild. Diese Funktion, häufig schweigend übergangen, ist grundlegend für die Konstitution urbaner Identität. Man kann die Behauptung aufstellen, daß sich Paris einiges auf seine Boulevards zugute hält oder hielt, so wie New York auf seine drei Hauptavenues und Berlin auf seine Prachtstraße „Unter den Linden". Durch ihre Größe sind diese breit angelegten Verkehrsadern zu Symbolen der urbanen Ordnung geworden. Den Menschen auf der Straße wird ein kostenloses Schauspiel geboten, die ununterbrochenen Häuserfronten haben die Funktion von Bühnenbildern. Anders als in den europäischen Städten, wo der eigentümliche Charakter einer jeden Kreuzung die Orientierung erleichtert, hinterläßt die Rasterung Manhattans nur in wenigen Fällen markante Schnittpunkte. Im Bedarfsfall können die überbreiten Hauptstraßen als öffentliche Plätze dienen. Ein anderer Kulturbegriff als der, der den Zentrumscharakter der Großstadt hervorhebt, setzt sich durch. In New York ist die familiäre Nähe der Nachbarschaftsbeziehungen von grundlegendem Einfluß auf den Maßstab des Häuserblocks. Die städtischen Hauptverkehrsadern sind allgemein maßgebend dafür, daß zwischen den auf der gleichen Straßenseite befindlichen Mietshäusern ein enger Zusammenhalt besteht. Die Kontinuität der zu beiden Seiten der Avenues errichteten Fassaden bewirkt eine monumentale und gleichsam feierliche Konsolidierung der Häuserblockgrenze, deren Inneres jedoch von geringerer Konsistenz ist.

Die Textur des Stadtgewebes wird durch einige Hauptverbindungslinien geregelt, die sich mit den rechtwinklig zu ihnen verlaufenden Querstraßen zu einem Raster verbinden. Angesichts der Einheitlichkeit der Fassaden verblaßt die Einzigartigkeit der Mietshäuser im derart veränderten Stadtbild. Urbanität konzentriert sich auf die Straßenflanken. Offenkundig wird sie im Überfluß der visuellen Botschaften, die sich auf den Fassaden der Mietshäuser versammeln.

Mit Ausnahme einiger Pariser Viertel, die von Haussmann umgewandelt worden sind und in welchen die entgegengesetzte Regel angewandt worden zu sein scheint, wird die Gestaltung der Bauten direkt von der parzellären Morphologie der Häuserblocks vorgeschrieben. In einigen Fällen gibt es jedoch auch die „vorsätzliche" Planung eines Hausmodells, das der urbanen Grammatik als gemeinsamer Nenner dient. In New York erfolgt die Ausgestaltung des Blocks in Abhängigkeit von einer typischen Grundstücksparzelle. Mit dem Anwachsen des Massenwohnungsbaus im 19. Jahrhundert erfährt das städtische Gewebe infolge des sprunghaften Bevölkerungswachstums eine zunehmende Spannung. Die gemessen an ihrem Inhalt zu engen

Umrisse der Bauten krachen aus allen Fugen. Diese Metamorphose der Industriestadt hat verschiedene bedenkliche Konsequenzen: So liegt die mittlere Bevölkerungsdichte in Paris, Berlin und New York bei 392, 657 und 1157 Einwohnern pro Hektar.[58] Eingeklemmt im Schraubstock einer immer dichteren Parzellenüberbauung bricht die Stadt unmittelbar auseinander, wobei sie gezwungen ist, sich zugleich in die Höhe und in die Breite (bis an die Peripherie) auszudehnen.

Ständig sich überbietende Grundstückspreise beschleunigen den Prozeß der Bevölkerungsverdichtung im Stadtkern und haben entsprechend eine Auslagerung des Arbeiterwohnungsbaus zu Folge. Schon bald wird der vor der industriellen Revolution angelegte Rahmen der Stadt den neuen Anforderungen nicht mehr genügen. Hätte die Entwicklung einen anderen Verlauf nehmen können? Und in welchem Maße hat man die Urheber des Gesamtplanes für sie verantwortlich zu machen? Gewiß, je später innerhalb der Stadtentwicklung der Plan eingeführt wurde, desto leichter war es, den für den Bau von Arbeiterwohnungen notwendigen Raum darin zu berücksichtigen. In dieser Hinsicht „privilegiert", hat sich Berlin einige Vororte, die am zu engen Maßstab der Mietskasernen ausgerichtet waren, bis heute unverändert erhalten. Im Gegensatz dazu war man gezwungen, die Struktur des New Yorker tenement zu ändern, da es sich bereits zu einem früheren historischen Zeitpunkt im Korsett der 8 m breiten Parzelle eingeschnürt fand. Die Lebensdauer der Massenwohnstätten wäre demnach zu einem großen Teil von Ausmaß und Formung der urbanen Parzelle abhängig.

Trotz der Entgrenzungsbewegungen und des Übergangs zu verstreuteren Bauformen bleibt das großstädtische Wohnen im 20. Jahrhundert der Kontiguität der Miethäuser zwischen Brandmauern mit ungenügendem Abstand unterworfen. Das Wohnen ist so drückend eng geworden, daß es einen zu ersticken droht. Auch wenn die Bauten in die Höhe schießen, hat das nur eine Akzentverschiebung im ansonsten unveränderten Zusammenwohnen zur Folge. Durch den Vorstoß der Gebäude ins Innere der Blocks werden die Höfe immer kleiner und verwandeln sich schließlich in einfache Atmungsorgane. Die durch Übervölkerung und Bodenspekulation verursachte urbane Geschwulst entgeht dem flüchtigen Blick der Passanten. Der Straße zugewandte Häuserfronten verdecken die Mechanismen der Menschenzusammenballung. In dem Augenblick, wo die Wohnungen der Armen krankhafte Züge annehmen, verständigen sich Honoratioren und öffentliche Mächte, um das an die Arbeiter abgetretene Land wieder an sich zu reißen und diese in die Außenbezirke abzudrängen.

Durch die rasche Vermehrung einiger weniger Wohnungstypen, deren Verbreitung sich Trägheit und Anonymität verdankt, wird die Arbeiterwohnungsfrage nicht gelöst. Denen, die in unzulänglichen Verhältnissen leben, gelingt es nicht, sich beim Magistrat, der meist zur Unbeweglichkeit verdammt ist, Gehör zu verschaffen. Unter diesen Bedingungen haben vorrangig die Eigentümer und Bodenspekulanten weiterhin die Kosten für das Wohnungswesen zu übernehmen. Diese widersetzen sich jeder äußeren Kontrolle ihrer Schritte und erneuern mit aller Kraft ihr einmaliges Geschäft, das ihnen optimale finanzielle Gewinne bei geringstem Risiko sichert. Als eine Garantie für den Tauschwert des Bodens ermöglicht die regelmäßige Anordnung der Stadtparzellen den Aufstieg der Immobilienbranche. Die Bauherren sehen die Ursachen der sozialen Not in der Immoralität der arbeitenden Klassen und keineswegs in der Übervölkerung der Wohnungen als Folge von Wuchermieten. Unerschütterlich halten sie weiterhin an der Reproduktion minimaler Existenzbedingungen fest.

Auf seiten der Wohnungsreformer gibt es nur wenige, die den Grund für die Misere der Arbeiterklasse nicht in ihrer eigenen Verkommenheit suchen, sondern ihren Ursprung sozialen Diskriminierungspraktiken zuschreiben. Ihr Eingreifen wirkt sich im Sinne einer strengeren Baugesetzgebung und einer Förderung der öffentlichen Wohnungsbauinitiative aus. Am Ende des 19. Jahrhunderts werden Gesellschaften mit philanthropischen Zielen gegründet, die den Bau von Sozialwohnungen unterstützen sollen: das „Office des habitations à bon marché" in Frankreich, der „Soziale Wohnungsbau" in Deutschland und das „Public Housing" in den Vereinigten Staaten.

Vergegenwärtigt man sich den beschleunigten Wachstumsprozeß, so wird deutlich, daß die schnelle Sättigung des Stadtzentrums unter dem Druck der geschäftlichen Nachfrage den Rückzug des Arbeiterwohnungsbaus in die Vororte auslöst. Daher das Überquellen der Vorstädte und die Intensivierung der sozialen Trennung. Einige wenige Stadtgebiete widersetzen sich dieser Verschiebung und entgehen wenigstens vorläufig dem lüsternen Expandieren großstädtischer Bodenpolitik. Dieser Aufschub gewährt einigen Arbeitervierteln, in denen die aus dem 19. Jahrhundert stammenden, gesundheitspolizeilich unzulässigen Wohnformen fortbestehen, eine Gnadenfrist – für die neuen Maklergenerationen eine leichte Beute.

In dem Augenblick, wo baufällige Wohnungen von ihren traditionellen Bewohnern im Stich gelassen werden, lassen sich Phänomene von squattering beobachten: Unter den soeben eingewanderten Subproletariern entsteht ein Kontingent von Wohnungslosen, die die verlassenen Elendsquartiere besetzen. Die jüngsten Verschlechterungen der Wohnbedingungen sind um so unmerklicher, als sie letztlich nur eine Population von Randgruppen betreffen. Im Übrigen dient der rasche Wohnungsverfall nur den

Interessen derer, die sie durch neue, im sozialen Begriffsnetz der städtischen Gemeinschaft „repräsentativere" Bauten zu ersetzen suchen. Diese beschleunigte Metamorphose der Städte während der zweiten Hälfte des 20. Jahrhunderts führt rasch zum Verschwinden der ersten Generationen des sozialen Wohnungsbaus.

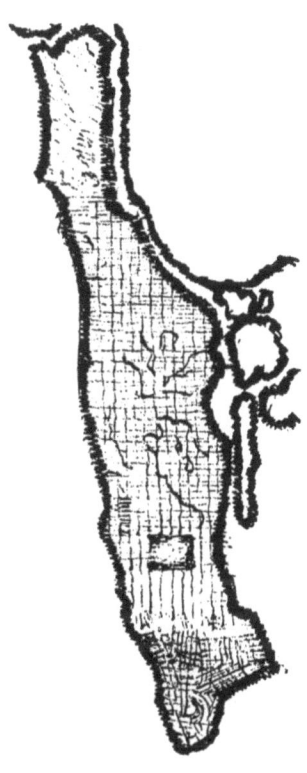

New York. Der Randel-Plan für die Halbinsel Manhattan, 1811

Das Rasternetz zerschneidet das urbane Netz in identische Häuserblocks.

Enge und tiefe Gassen in der down town.

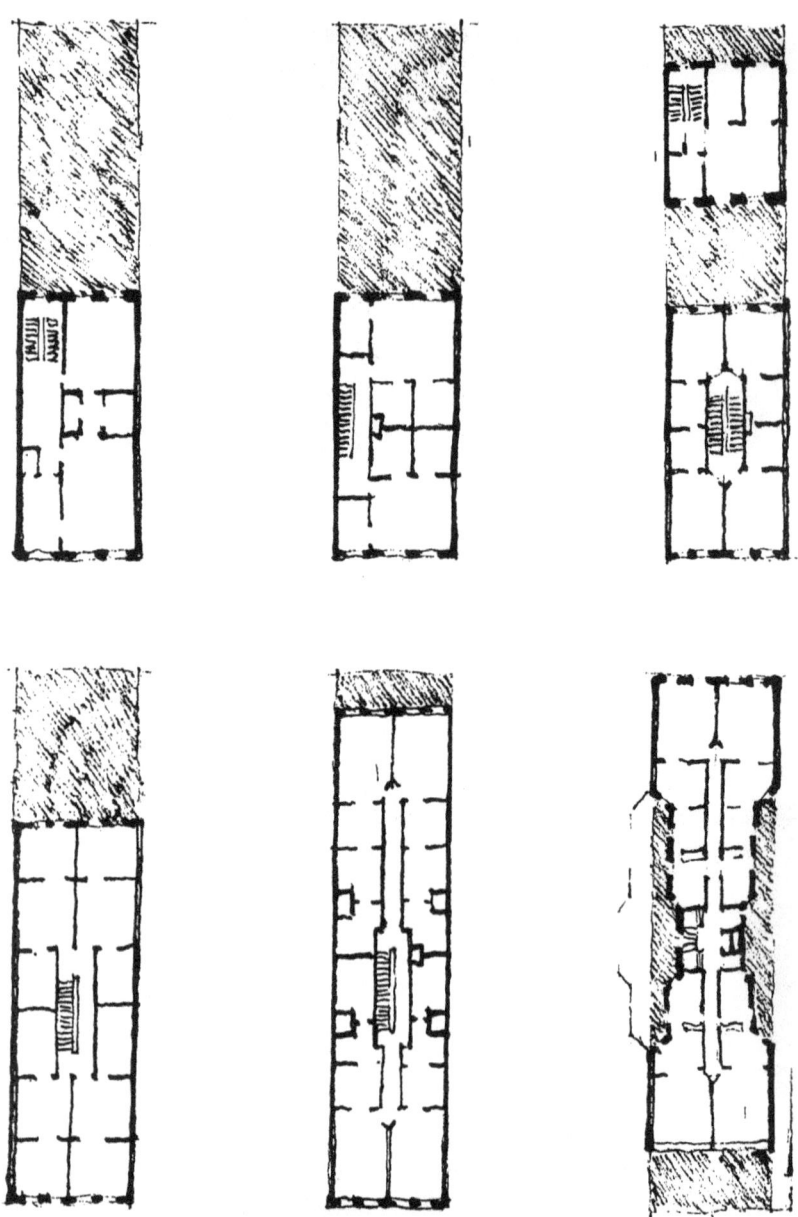

New York. Bauliche Entwicklung über einer typischen Parzelle.
Die Vertiefung der Häuser wirkt sich nachteilig auf die Gärten und Hofflächen aus.

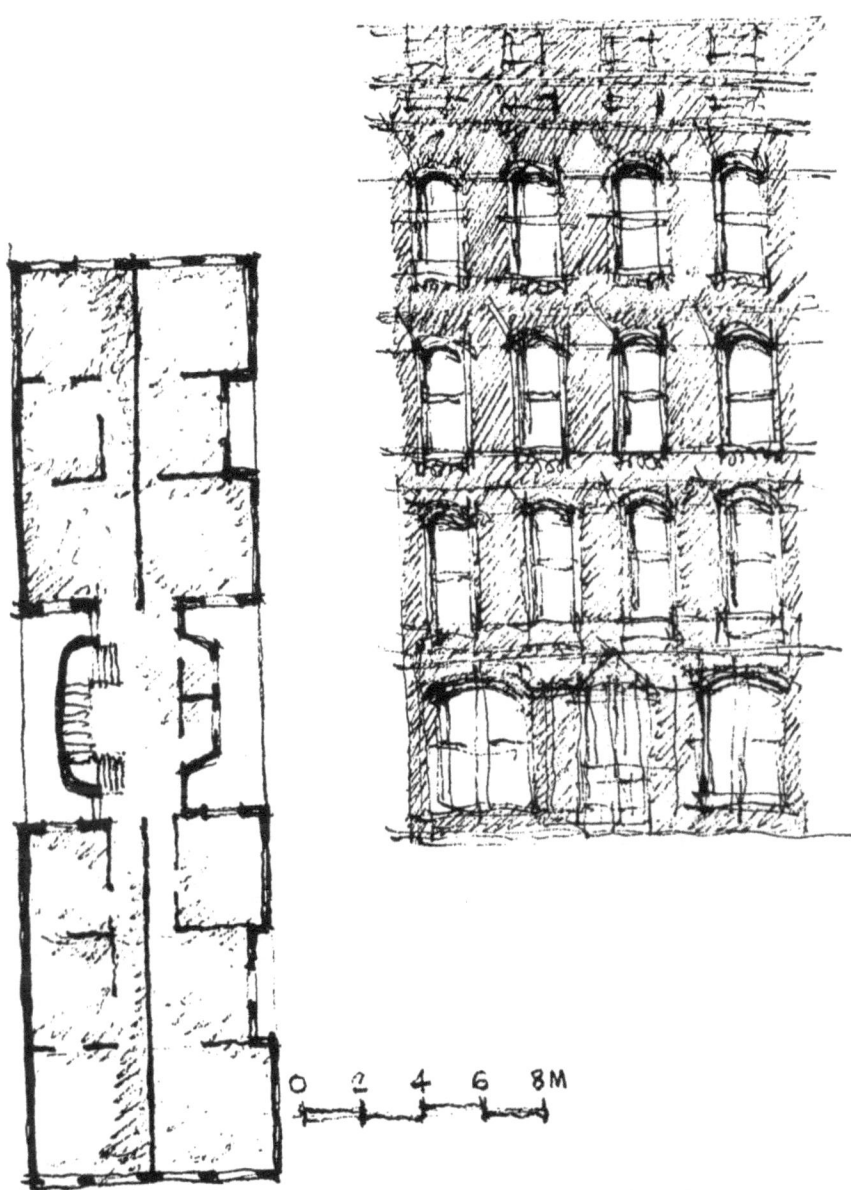

New York. Grundriß eines dumb-bell, Preisträger des Wettbewerbs von 1878.
Architekt: J. Ware

Straßenfassade des tenement

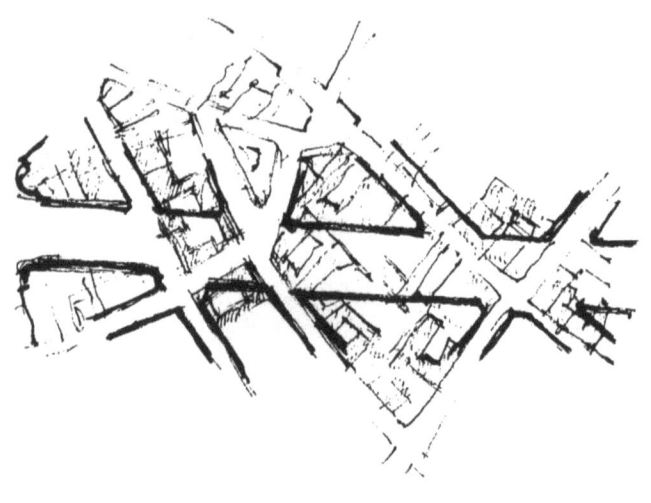

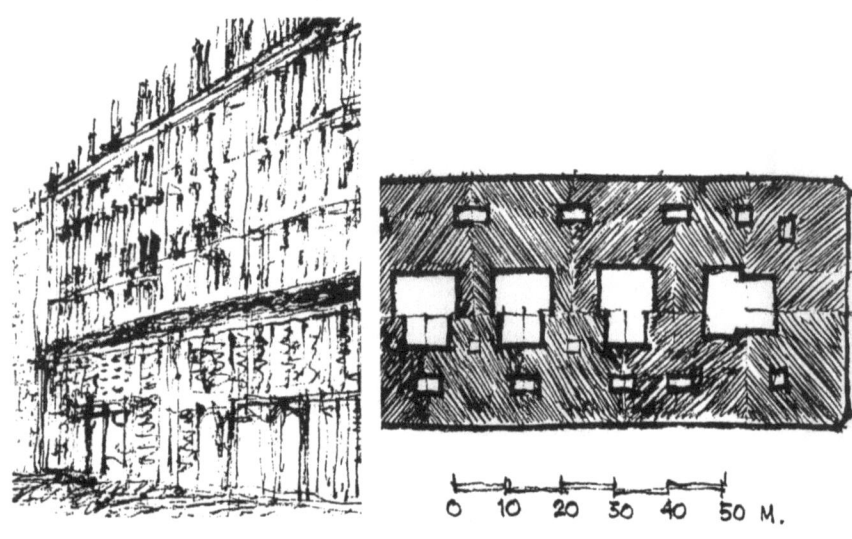

Paris. Entwurf für den Durchbruch der Avenue de l'Opéra
Perspektivische Ansicht eines Haussmannschen Häuserblocks
Grundrißfragment eines Haussmannschen Häuserblocks

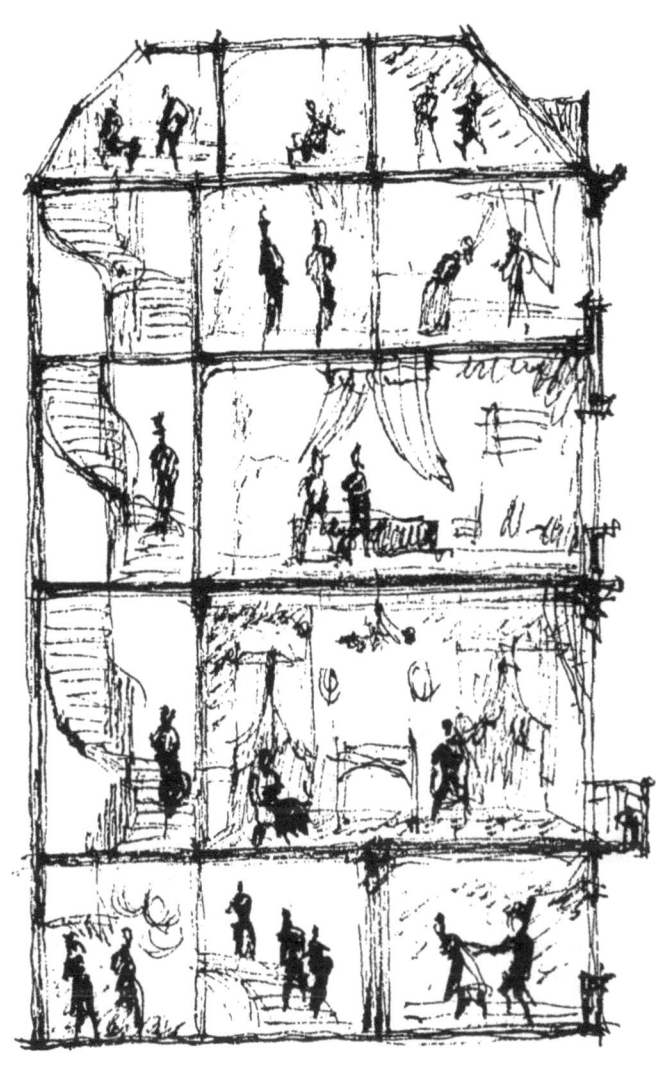

Paris. Aufriß einer maison mixte. 1845.
Nach *Etages du monde parisiens*, entworfen von Bertall,
Lithographie von Lavielle für *Le Diable de Paris*,
erschienen bei Hetzel

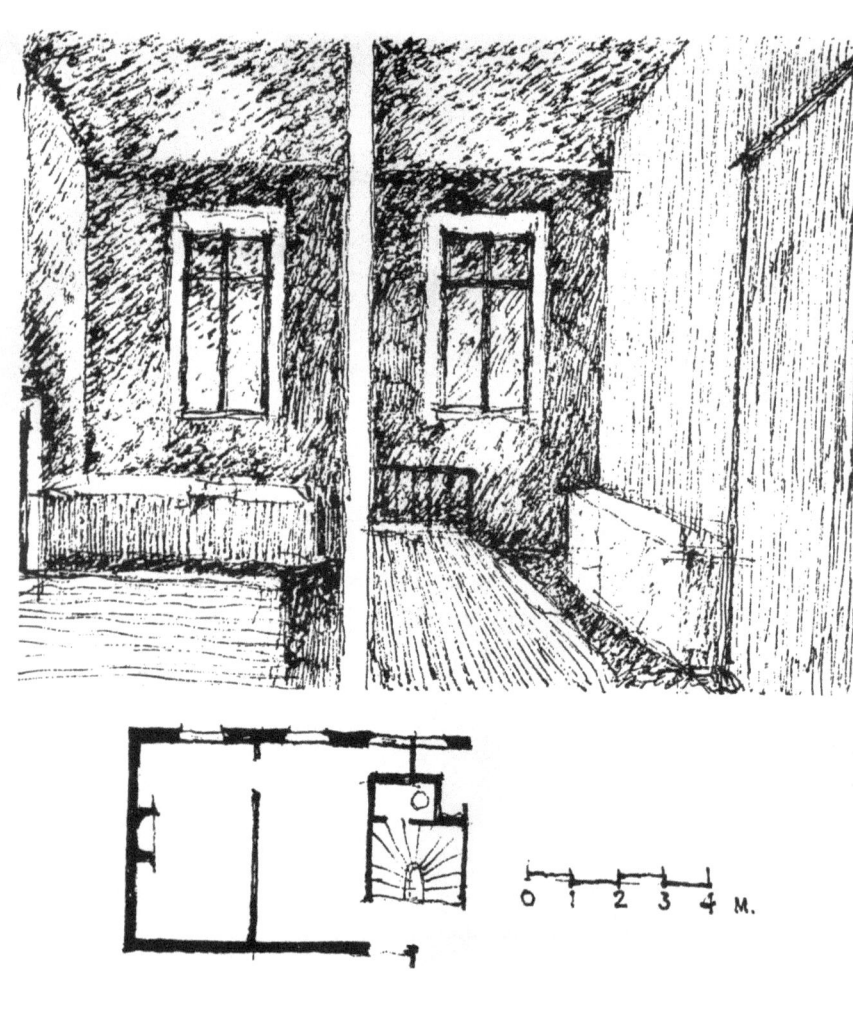

Paris. Innenansicht einer von Graf de Madre erbauten Wohnung im Quartier Saint Maur, 1852–1863

Grundriß der Madre'schen Wohnung

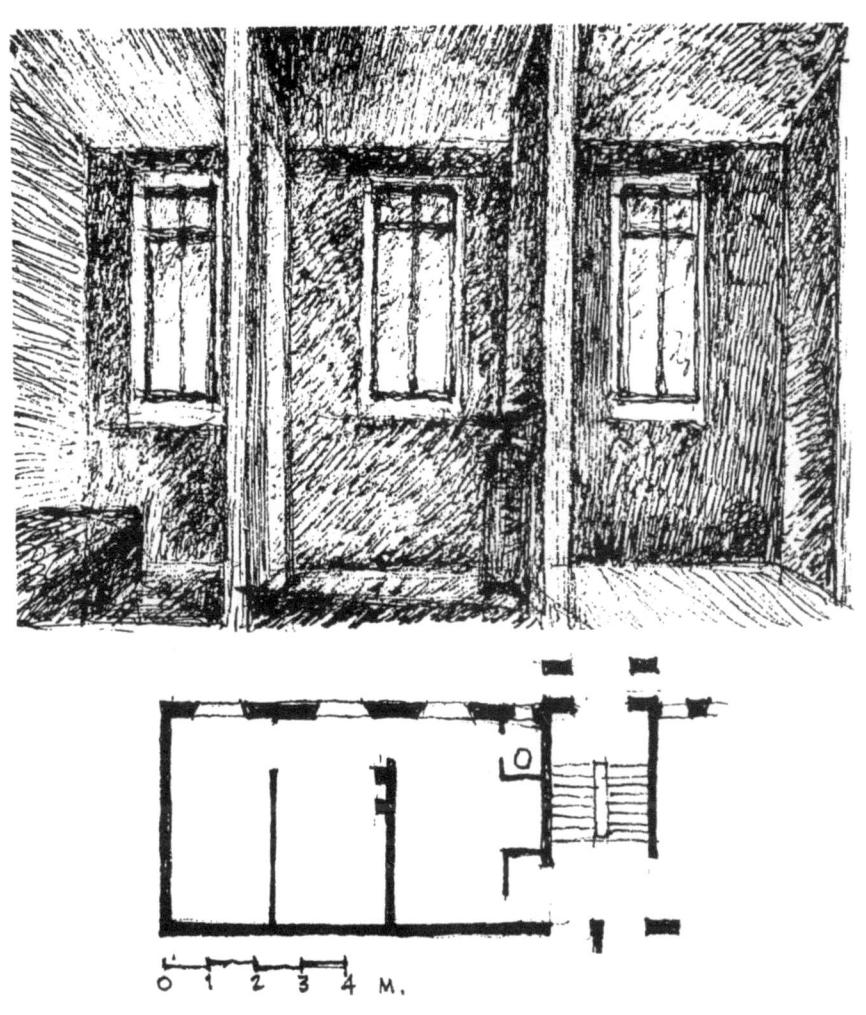

Paris. Innenansicht einer von der
Société Philanthropique erbauten Wohnung, um 1860

Grundriß der Wohnung der Société Philanthropique

Berlin. Innenhöfe der Mietskasernen

Berlin. Hinterhof und Fragment einer Straßenfassade

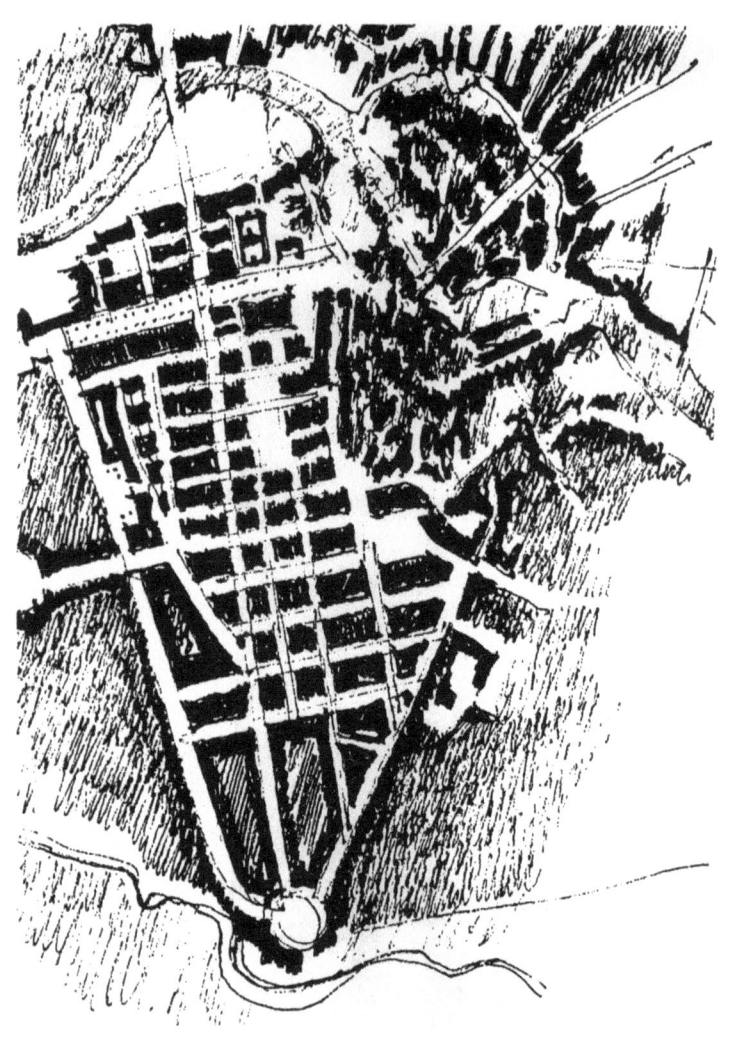

Berlin. Plan des Zentrums und von Friedrichsstadt, auf den sich von der von J. Hobrecht vorgelegte „Meßplan für Bauten der unmittelbaren Umgebung Berlins" bezieht

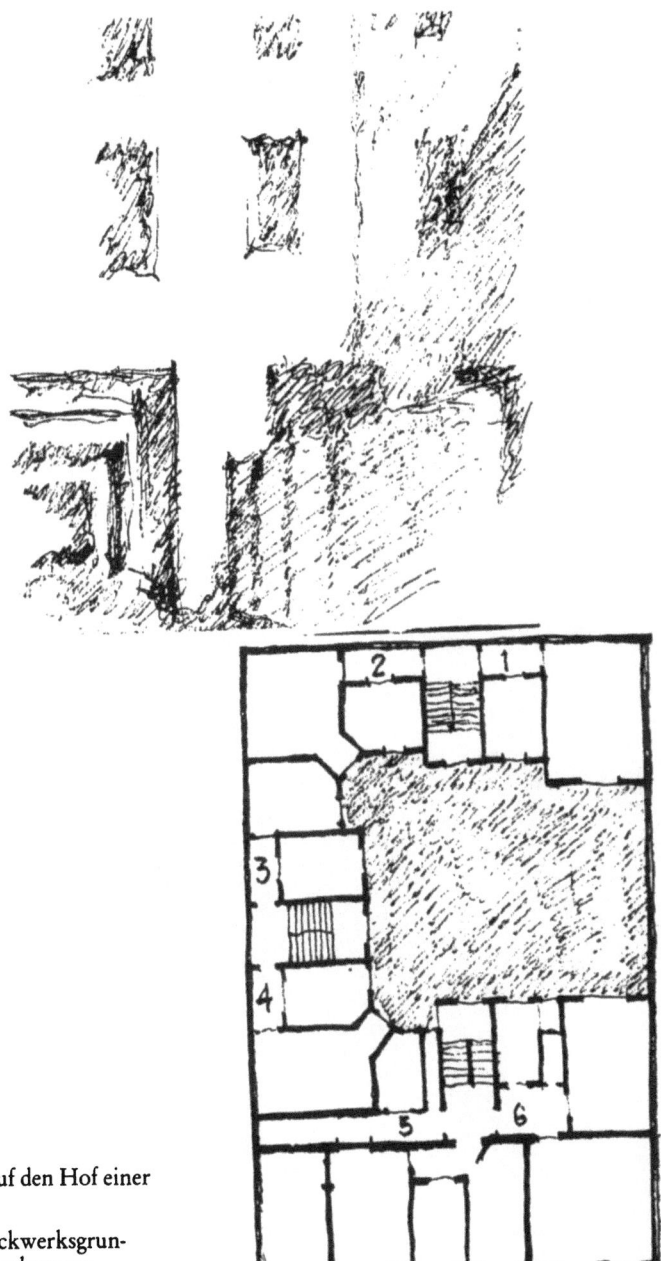

Berlin. Blick auf den Hof einer Mietskaserne

Typischer Stockwerksgrundriß einer Mietskaserne

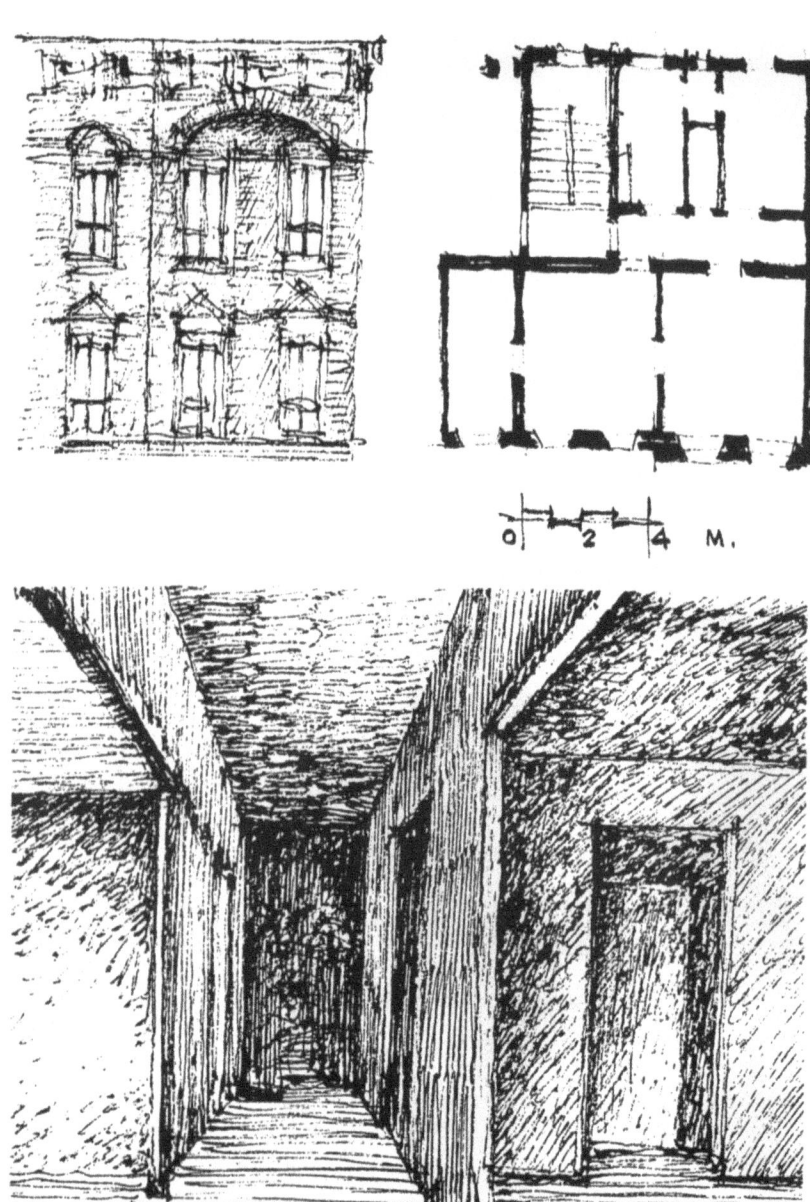

Berlin. Bauwerk in der Schönhauser Allee, 1850.
Fragment der Fassade, Fragment des Stockwerksgrundrisses
und Innenansicht einer Wohnung

2 Mechanismen des Massenwohnungsbaus

Angesichts seiner komplexen Veränderungen kann eine Analyse großstädtischen Wohnens nur fragmentarisch sein. Dennoch ist man gezwungen, einige Aspekte deutlicher hervorzuheben, andere wegzulassen, was zwangsläufig zu einer Verdrehung der Perspektive führt. Immerhin bietet diese fragmentarische Rekonstruktion die Möglichkeit, einige historische Querverbindungen zwischen Städten, die zwar nicht notwendig einen gleichen kulturellen Ursprung, aber doch eine gemeinsame Vergangenheit aufweisen (nämlich die der industriellen Entwicklung), in Erinnerung zu rufen.
Zielscheibe der folgenden Analyse sind die Raumveränderungen im Massenwohnungsbau. Da es an erklärenden Dokumenten mangelt, können die einzelnen Schritte der daran anknüpfenden Überlegungen keinen wirklichen historischen Begründungswert für sich beanspruchen. Auch wenn beispielsweise die Strategien der Bodenspekulanten weitgehend bekannt sind, bleiben doch andere Mechanismen urbaner Kolonisation immer noch dunkel oder lassen sich nur durch Extrapolation aufspüren.
Nicht von Anfang an ist der Massenwohnungsbau als solcher in Erscheinung getreten. Erst seine zunehmende Akkumulation, gefolgt von einer Sprengung des Baumaßstabs, haben ihm diese Bezeichnung eingetragen. Während sich die Arbeiterwohnung noch um 1870 deutlich von der bürgerlichen Wohnung abhebt, wird die Unterscheidung im 20. Jahrhundert zunehmend schwieriger. Es entstehen Zwittergebilde, deren Klassenzugehörigkeit nicht eindeutig zu ermitteln ist. Daher lassen sich die historischen Anfänge des sozialen Wohnungsbaus leichter aufdecken und beschreiben als seine späteren Entwicklungen.
Geht man zurück an die Quellen jenes Stroms, der den Massenwohnungsbau herangetrieben hat, so scheint es notwendig, bei einer Einrichtung zu verweilen, die zugleich sein Hauptrad und in gewisser Weise auch sein Sündenbock ist: bei der Mietskaserne und ihren historischen Vorläufern.

Die Mietskaserne

Im Stadtbild des Ancien Régime ähneln die Arbeiterhäuser Schiffen, die weit über die Grenzen ihrer normalen Aufnahmekapazität hinaus beladen sind und daher zu sinken drohen. Es kommt zu Menschenballungen von gigantischem Ausmaß, so daß am Ende nur noch kleine Eckschränke frei bleiben. Im Keller, im Treppenhaus, unterm Dach: Überall trifft man auf wild kampierende Menschenmassen. Diese heimlichen, weil unerlaubten Formen des Wohnens haben Krankheit und Unordnung zur Folge, so daß sich die Hauseigentümer veranlaßt sehen, Maßnahmen gegen die überzählige Bevölkerung zu ergreifen. Sie versuchen Herr der Lage zu werden, indem sie einzelne herausgreifen und von den übrigen Bewohnern entfernen. Nur den rechtmäßigen Mieterfamilien wird weiterhin Unterkunft gewährt, alle anderen werden auf die Straße gesetzt. Mit dieser Maßnahme, die zumindest theoretisch alle Uneindeutigkeiten aus dem Wege schafft, erhalten die Wohnungen gewissermaßen den Status von Hoheitsgebieten. Die Kontrolle der in den Mietshäusern wohnenden Populationen erfolgt mit unnachgiebiger Ahndung von Zuwiderhandlungen. Ihr wesentlicher Effekt ist eine wachsende Mobilität der armen Bevölkerungsschichten, die immer wieder aus ihren behelfsmäßigen Unterkünften verjagt und zu einem beständigen Wanderleben gezwungen werden. Die zunehmende Stabilisierung der städtischen Bevölkerungsbewegungen im Laufe des 19. Jahrhunderts geht mit einer Umgestaltung der Wohnstrukturen einher, die ihrerseits Transformationen in der Morphologie der Städte veranlassen.

Die zu Beginn des 19. Jahrhunderts in Paris verbreitete Ausführung der *maison mixte* rechtfertigt auf der Erscheinungsebene eine gewisse Vermischung der sozialen Gruppen. Dem Zusammenwohnen von wohlhabenden Familien in den unteren Etagen und von Arbeitern im oberen Teil der Mietshäuser liegt eine philanthropische Idealvorstellung zugrunde. Danach werden die Reichen zu Schutzengeln der Entrechteten und müssen für deren Bedürfnisse aufkommen. Die Armen können sich allerdings erkenntlich zeigen, indem sie ihren Beschützern geringe Dienste erweisen. Diese Tradition gegenseitigen Sichhelfens gilt als ein geeignetes Mittel, um die latenten Friktionen zwischen Besitzenden und Besitzlosen zu vermeiden.

Das häufig illustrierte Sujet des durch einen anatomischen Schnitt geöffneten Wohnhauses, das den Blick auf simultane Szenen, die sich in den verschiedenen Wohnungen abspielen, freigibt, berichtet über die Zusammensetzung und die sozialen Differenzen der Bewohnerschaft.[*] Während

---
[*] Vgl. dazu die Abb. auf S. 43 (A.d.Verl.)

bourgeoise Paare in den weitläufigen Salons der bel étage dem Müßiggang frönen, drängt sich der Plebs in den Dachgeschossen, der Angst vor der nächsten Mietzahlung, vor Krankheit und Not schutzlos ausgeliefert. Dazwischen bedürftige Familien, die eine zahlreiche Nachkommenschaft großziehen.

In der gleichen Lage „der Arbeiter, der, da er Kontakt zu wohlhabenderen Personen unterhält, seine Haltung überprüft und sich bemüht, die Wertschätzung derer, die er für seine Übergebenen hält, nicht zu enttäuschen".[59] Weil er sich Vorteile davon verspricht, spekuliert er gelegentlich sogar auf kleine Dienste oder Hilfeleistungen, die seinen Eifer unter Beweis stellen sollen.

Bilder, die das Haus im Längsschnitt zeigen, widerlegen indes den Glauben an die väterliche Sorge der Reichen für die Bedürftigen. An sich inkompatible Lebensweisen sind durch Decken und Wände unwiderruflich voneinander abgetrennt. Die Fürsorglichkeit der einen steht den Geldnöten der anderen gegenüber, so daß sich schließlich ein stilles und abgeschiedenes Familienleben aller nicht mehr aufrecht erhalten läßt.

Ungeachtet dessen versichern die Fürsprecher der maisons mixtes, daß das enge Zusammenleben verschiedener Bevölkerungsgruppen in einem Miethaus den sozialen Frieden aufrecht erhält und daß „eine Art menschlicher Achtung einen Zug von Regelmäßigkeit in die Gewohnheiten der Arbeiterfamilien bringt".[60] Die angebliche Erziehung der Arbeiter durch den Kontakt mit ihren bourgeoisen Nachbarn, heißt für sie jedoch in Wirklichkeit, sich mit einem Klima der Intoleranz und der Arroganz abzufinden. Die heraufbeschworene Solidarität unter den verschiedenen Klassen erweist sich alles in allem als illusorisch. Sie führt zu einer Verhaltensangleichung der einen an die anderen und schließlich zu ihrem totalen Verstummen.

In der Mitte des 19. Jahrhunderts wird das Trugbild der unter einem gemeinsamen Dach vereinten „großen Familie" allgemein in Frage gestellt. In den maisons mixtes entstehen soziale Spannungen, die ihr baldiges Verschwinden bereits andeuten. Die Reichen fühlen sich durch ihre räuberischen und plündernden Nachbarn entehrt. So wird der Graben zwischen Bürgern und Arbeitern durch ihre räumliche Nähe noch größer.

Zum wiederholten Male erklärt Cacheux, der als Architekt von sich behauptet, einige Erfahrung mit den maisons mixtes zu besitzen, er habe „die Gewißheit erlangt, daß man die Distanz, die die verschiedenen Klassen der französischen Gesellschaft trennt, nur vergrößert, wenn man die Arbeiter zu Zeugen des angeblich vergnüglichen Müßiggangs der Reichen macht".[61] Konsequenz eines solchen Standpunkts ist, daß man in Zukunft spezifische Wohnhäuser für die Arbeiterklasse schaffen muß. Allerdings erscheint ein

solches Projekt nicht weniger bedrohlich als die Ansammlung einer großen Zahl von Arbeitern in einem bestimmten Stadtgebiet. Es bleibt die Gefahr, daß sich gegenüber den herrschenden Klassen Protesthaltungen bilden. Die Logik der Geschichte wollte es, daß die von Arbeitern bewohnten Miethäuser nach dem Vorbild bürgerlicher Wohnmodelle entwickelt wurden. Ordnung und Würde bürgerlichen Zusammenwohnens galten als nachahmenswert. Die Sanierung der Elendsviertel und ihre Umbildung zu „ehrenwerten" Häusern trügen zum Schliff der proletarischen Sitten bei. Doch war es den Erbauern der Miethäuser nicht möglich, nach rein philanthropischen Gesichtspunkten zu handeln und die lukrativen Aspekte bei ihren Unternehmungen außer acht zu lassen. So räumt man gewöhnlich ein, daß die Einnahmen aus den Miethäusern entsprechend der konstanten Höhe der Bodenrente berechnet werden müssen. Sie wird in der Peripherie bald ebenso hoch sein wie im Stadtzentrum.
Als Instrument der Gewinnmaximierung unterscheiden sich die Mietskasernen nicht von den bürgerlichen Miethäusern. Die Verringerung der Grundflächen und die Verkleinerung des Nutzungsvolumens der Zimmer sind eine direkte Folge des bei ihrer Erbauung mitwirkenden Spekulationsinteresses. Die Gestaltung der Unterkünfte folgt einem Minimalprogramm. Obwohl von kinderreichen Familien bewohnt, bestehen sie meist nur aus zwei miteinander verbundenen Zimmern. Um die Gewinnspanne zu erhöhen, werden die Wände dünner, die Flure enger und die Grundflächen noch sparsamer gemacht.
Das Modell der maisons mixtes spiegelt im Groben die Struktur der Patrizierhäuser wider. Die Geräumigkeit der unteren Etagen kontrastiert der Enge der oberen Stockwerke, wodurch sich das hierarchische Gefälle zwischen Herren und Bediensteten auch in unterschiedlichem Raumvolumen spiegelt. Im Gegensatz dazu wird in den neuen für die Arbeiterklasse erbauten Miethäusern ein gleicher Grundrißtyp auf allen Etagen unverändert wiederholt. Von nun an ist die Gestaltung der Häuser einem Identitätsprinzip unterworfen: Die Wohnungen werden zu identischen Funktionsträgern, vergleichbar den Zellen eines Bienenschlags. Damit sind sie nicht länger Ausdruck gesellschaftlicher Differenzen.
In allen Stockwerken sind die Wohnungen nach dem gleichen Muster aufgeteilt. Das kostspielige Mansardendach wird durch ein sparsameres Flachdach ersetzt. Die Formen des Zusammenwohnens ergeben sich aus der inneren Geographie der Häuser, in denen alle Felder annähernd das gleiche Fassungsvermögen besitzen. Der isotropische Charakter der Gebäude setzt sich durch. Veränderungen der Außenmaße haben zur Folge, daß sich auch die innere Struktur der Mehrfamilienhäuser mit einem Schlage ändert.

Auch wenn die Bezeichnung *Kaserne* ursprünglich nur für frei stehende Gebäude und nicht für Wohnblocks gebraucht wurde, läßt sie sich doch ebenso auf lineare Häuserreihen oder Straßenzeilen anwenden.
Charakteristische Nährböden für das Gedeihen dieses Wohntyps sind zugleich die *îlot* und die *cité*. Im ersten Fall besteht die Anlage aus mehreren Häusern, die zusammen einen kompakten Block oder einen Kranz bilden, der sich um einen Hof legt. Im zweiten Fall wird der Raum in einzelne Wohnblocks oder in Form von Kämmen aufgeteilt, wobei die Anlagen unschwer die Struktur von Militärlagern oder Altersheimen mit einzelnen Pavillons erkennen lassen. Das Freistehen der Gebäude hat auch für die zur Giebelseite gelegenen Wohnungen ein befreiendes Moment. Für die darin lebenden Familien bedeutet es einen Zuwachs an Autonomie. Als Wohnkaserne wird am Ende jedes Bauwerk bezeichnet, das eine erhöhte Anzahl von Wohnungen in sich vereint. Man kann hinzufügen, daß sie gewöhnlich am Grau in Grau ihrer Silhouette, dem spezifischen Signum des Arbeiterstandes, zu erkennen sind.
Mit der Ersetzung der maisons mixtes durch Mietskasernen wandelt sich auch die Natur der Nachbarschaftsbeziehungen. Statt der Abhängigkeits- oder Herrschaftsbeziehungen unter den Bewohnern sollte es theoretisch einen gemeinsamen Nenner geben, der die Haushalte einander näherbringt. Aus dieser scheinbaren Gleichheit, die sich günstig auf das soziale Einvernehmen der Familien auswirken sollte, erwächst in Wirklichkeit ein allgemeines Gefühl der Indifferenz, das gelegentlich in offenen Streit umschlägt. Man stellt fest, daß die Zusammenführung großer Menschenmengen unter einem Dach die Hauptursache der Wohnkonflikte bildet, wohingegen dort, wo die Unterkünfte in geringerem Maße belegt sind, die Streitigkeiten zwischen den Nachbarn entsprechend abnehmen. Das enge Zusammenrücken der Wohnungen erzeugt schon früh ein Klima der Rivalität, so daß wechselseitige Übergriffe als äußerst bedrohlich empfunden werden.
Mit der massiven Verwurzelung der Arbeiter in den Städten am Ende des 19. Jahrhunderts gehen die Wohnungseigentümer und -exploiteure dazu über, Unruhen im Wohnungsbereich durch wirksamere Gebäudeüberwachungsmaßnahmen zu verhindern. In einigen Fällen werden die cités geschlossen und ständig kontrolliert, um etwaige Verstopfungen besser eindämmen zu können. Umzüge und Wohnungsveränderungen werden anhaltend überprüft; darüber hinaus haben sich die Arbeiterfamilien mit der Isoliertheit und der Abgeschiedenheit ihrer Wohnungen abzufinden. Damit kommt die Wohnsituation insgesamt einer Art Verbannung gleich.
Aus der Sicht des Immobilienhandels besteht das Problem der Erbauer darin, eine größtmögliche Anzahl von Wohnungen auf kleinstmöglichem

Raum zu errichten. Die Kombination dieser zahlenmäßigen Extreme gibt einen Leitfaden für die Berechnung der Wohnflächen und Wohnräume ab. Das Modell der Raumaufteilung der Mietshäuser wird am Beispiel von Militärkasernen und Krankenhaus- oder Gefängniskomplexen gewonnen. Der am Vorbild des Krankenhauses oder Gefängnisses ausgerichtete Gesamtausbau beruht auf einer strengen Rangordnung der Nutzungsflächen mit dem Ziel einer besseren Überwachung. Jedes Individuum oder jede kleine Gruppe ist Herr über die eigene Zelle, die denen der Nachbarn vollkommen gleicht. All diese Zellen sind entlang einem breiten und zentral überwachten Gang angeordnet. Ihre Nutzung unterliegt strengen Vorschriften. Durch diese Disziplinarmaßnahmen bleibt den Bewohnern nur ein geringer Bewegungsspielraum mit nahezu unüberschreitbaren Schranken. Allerdings wird dadurch auch die Bevorzugung einzelner verhindert. Alle besitzen gleiche Rechte, ihr Verhalten unterliegt einer Regel, vergleichbar dem *habeas corpus*. Sie erhalten einen bestimmten Platz zugewiesen und sind gezwungen, sich entsprechend einem festgelegten Verhaltensritual zu benehmen. Jeder Zufall, jede Möglichkeit zur Improvisation ist damit weitgehend ausgeschlossen. Durch einfache Strategien, vor allem durch die Errichtung von Kontrollschranken an geeigneten Orten, sind die Mächtigen in der Lage, das Kommen und Gehen der Bewohner zu regulieren.

Maßgeblichen Anteil an der Gestaltung der zivilen Mietskasernen haben somit Zwangsmodelle, wie die von Lagern oder Gefängnissen. Individuelle Freiheiten werden allgemein ins Wohnungsinnere verwiesen. Durch diese Abdrängung der Familien in die kleinen Territorien ihrer Wohnungen dehnen die Mächtigen ihre Herrschaft über den Wohnungsbereich aus. Die individuellen Verhaltensweisen der Bewohner sind immer schon bekannt und erhalten gleichsam programmierte Züge. Der Zusammenwohnen beschränkt sich auf eine einfache Addition identischer Verhaltensweisen von Individuen, die in den identischen Zellen des gleichen Gesamtkomplexes eingeschlossen sind. Die einfache serielle Anordnung der Wohnungen fördert die Anpassung des Verhaltens an vorgegebene Muster. Theoretisch hat die so errichtete Sozialordnung eine Stabilisierung des Familienlebens durch die Wohnsituation zur Folge.

Offensichtlich aus ökonomischen Gründen werden die privaten Wohnflächen ebenso wie die Gemeinschaftsräume auf ein Minimum reduziert. Der Weg, auf dem die Bewohner zu ihren Unterkünften gelangen, führt in der Regel durch einen einheitlich etwa einen Meter breiten Gang. Diese Art der Kanalisierung der Bevölkerung läßt auf den Wegen keine Verzögerungen mehr zu. Die Verbindungen zwischen den Häusern sind gleichfalls zu knapp bemessen und weichen darin von den Fourierschen Optionen ab, die

den Zugangsräumen zu den Wohnungen eine große soziale Bedeutung beimessen. In seiner Beschreibung der familistères gibt Godin Vorschriften für die Größe der Passagen, Laufgänge und Treppenhäuser an; und er erinnert daran, „daß die Wohnungen sich nach ihrem Schnitt und ihrer Bauart unterscheiden, daß sich aber vor allem das Ganze, das die Wohnungen zusammen bilden, auf den sozialen Status und die Stellung der Arbeiter in der Menschheit auswirkt".[62]
Besondere Hoffnung gilt dabei den positiven Auswirkungen der Gemeinschaftsräume auf die Nachbarschaftsbeziehungen. Großzügig gehaltene Treppenabsätze und Flure im Vorfeld der Wohnungen sollen die Familien zu gegenseitiger Anteilnahme und wechselseitigem Verständnis anregen. Die soziale Entwicklung hinge danach teilweise von der Häufigkeit und der Qualität der Kontakte unter den Bewohnern ab. Gelegenheiten zur Begegnung zwischen Nachbarn können sich mehr oder weniger direkt aus der Anlage der Häuser ergeben, die man lieber mit Palästen als mit Kasernen vergleicht.
Doch solche Vorschläge entsprechen kaum den Interessen der Grundeigentümer, die es lieber sähen, die Distanz zwischen den Individuen zu vergrößern und das ausschweifende Verhalten bekämpfen, das sie auf die Bewegungsfreiheit der Individuen zurückführen. Der direkteste Weg, dieses Ziel zu erreichen, liegt offenbar in einer Beschneidung der gemeinschaftlich genutzten Zugangsräume. Durch diese Kodierung des Raumes vollzieht sich schließlich jener komplexe und undurchsichtige Übergang von der Maisonnette zur individuellen Wohnung. Inzwischen hat sich auch das Verhältnis zum Raum gewandelt. Zu häuslicher Bindung angehalten, sind die Bewohner davon überzeugt, nur eingeschlossen in ihren eigenen vier Wänden wirklich bei sich, sie selbst zu sein. Andererseits bewirken die Praktiken des Zusammenwohnens einen moralischen Gesundungsprozeß. Für das Gleichgewicht der Haushalte wird es erforderlich, die für ihre Mobilität und Unseßhaftigkeit berüchtigten Schlafgänger zu entfernen, da ihre Anwesenheit die ehelichen Tugenden gefährde. Die Abschaffung des Konkubinats wird eine bewährte Maßnahme zur Überprüfung der rechtmäßigen Vaterschaft der Kinder.
Eine neue Ordnung häuslichen Lebens engt die Familien weiter ein. Vorbildcharakter besitzen darin die Ideale der Frömmigkeit und der Bescheidenheit. Der familiäre Zusammenhang gilt als ein Garant des sozialen Friedens und verträgt sich daher nicht mit Immoralität und Unverantwortlichkeit. Undurchsichtige und damit zerrüttete Familienverhältnisse, wo etwa der Vater, um sich von seinen Angehörigen zu distanzieren, regelmäßig in die Kneipe flüchtet, werden als Schreckbild hingestellt, das zu beseitigen sei.

Doch hat die Aufwertung des Familienlebens durchaus eine geschäftliche Seite: Man sucht aus dezimierten Wohnflächen optimalen Gewinn zu ziehen und dabei zugleich die alltäglichen Bedürfnisse einer Klasse zu erfüllen, die keinerlei Privilegien besitzt. Gegenüber den Bevormundungen der Reichen konzediert man den Arbeitern eine gewisse Autonomie (sie ist dem Wohnprinzip der maisons mixtes gleichsam inhärent). Andererseits wird die Überwachung der Hausordnung einem Pförtner oder Hausmeister übertragen, der die Interessen des Eigentümers gegenüber den Mietern vertritt.
Mit dem Wandel in den den Haushalten eingeräumten Freiheiten, besonders durch die Gewährung einer allgemeinen Selbständigkeit, wird auf der anderen Seite eine Klärung der Wohnbeziehungen und eine relative Transparenz des Privatlebens der Familien erforderlich.
Eine Bedrohung der öffentlichen Ordnung wäre es, wenn die Verbannung der Bewohner in ihre eigenen vier Wände zu libertären Praktiken führen würde. Käme es in den Familien regelmäßig zu Ausschweifungen, so wäre das eine Belastung für die tägliche Erneuerung der Arbeitskraft und damit für die ökonomische Produktion insgesamt. So wird die Nutzung der einzelnen Wohnungen allmählich an einem Verhaltenskodex ausgerichtet, den die Hauseigentümer stillschweigend gutheißen.
Zwischen dem erstmaligen Erscheinen von Kollektivwohnstätten um 1850, die ausschließlich für die Arbeiterklasse erbaut wurden, und der massenhaften Entstehung riesiger Kasernen am Ende des Jahrhunderts wird die Verbesserung zur Hauptsorge der herrschenden Klasse. Kleine Wohnungen mit nur zwei Zimmern werden zunehmend durch Familienunterkünfte von drei oder vier Zimmern ersetzt. Der zusätzliche Raum hat einen Rückgang der Bevölkerungsdichte zur Folge sowie eine Trennung zwischen den Geschlechtern einerseits und zwischen Kindern und Erwachsenen andererseits. Die Bewohnungsrate sinkt soweit ab, daß man in den letzten Jahrzehnten des 19. Jahrhunderts durchschnittlich „nicht mehr" als zwei Bewohner pro Zimmer zählt.[63] Die Morphologie der Unterkünfte ist einem fortlaufenden Wandel unterworfen. Einige Pläne enthalten einen von den übrigen Zimmern getrennten Gemeinschaftsraum. Nach den offiziellen Vorschriften darf das Raumvolumen nicht unter 14 m^3 pro Bewohner liegen.
Räumliche Verbesserungen, die man an den Wohnungen vornimmt, erscheinen als soziale Fortschrittsmaßnahmen. Man hält sie für geeignet, den Zwangscharakter der Kasernen abzuschwächen, und glaubt damit eine überaus bequeme Lösung gefunden zu haben, um zwischen den Interessen der Vermieter und denen der Hausbewohner zu vermitteln. Die rasche Anerkennung und Verbreitung eines in den Industriestädten nahezu universell gewordenen Wohnungstyps festigt die Lebensfähigkeit dieses Wohnmo-

dells. Die Langlebigkeit und Aufnahmekapazität der Mietskaserne bildet zusätzliche Beweise für ihre „Existenzberechtigung".

Vor der industriellen Revolution bestimmt der Parzellenumfang in der Regel die Größe des städtischen Hauses, unabhängig von den Ungleichmäßigkeiten der Eigentumsbegrenzungen. Im weiteren geht die Bauentwicklung dahin, die gesamte zur Verfügung stehende Fläche zu überbauen und sich dabei ihre geringsten Unebenheiten und Unregelmäßigkeiten zu Nutze zu machen. Mit dem Erscheinen von Gebäuden, deren Wohnungstyp nur auf eine einzige soziale Klasse zugeschnitten ist, nimmt die Bauweise eine neue Wendung. Die Morphologie der Wohnung ist nicht mehr so sehr von der Parzellengestalt abhängig als vielmehr von einem inneren Einteilungsprinzip, das jeder Wohnung eine spezifische Lage und einen spezifischen Schnitt anweist. Die Mietskaserne erfüllt zahlreiche Funktionen, vor allem jene, „im Innern ein und desselben Raumes Haus und Straße, Innenatmosphäre und Gestaltung der Außenräume zu vereinen".[64]

Durch eine Verbesserung der Innenausstattung suchen die Erbauer der Mietskästen, ihren Häusern einen autarken Charakter zu verleihen, um auf diese Weise die Unabhängigkeit der Mieter gegenüber der Außenwelt zu vergrößern. Doch vermag diese Werbemaßnahme, die die positiven Eigenschaften und den Komfort des Hauses unterstreichen soll, keine Illusionen zu wecken.

Da die Mietskaserne lediglich eine Aneinanderreihung identischer Wohnungen darstellt, läßt sie sich nicht länger als eine Art Stadt im kleinen begreifen. Ihre konstitutiven Teile ergänzen sich nicht zu jener Ausgewogenheit, wie sie etwa ein Bauernhof besitzt, dessen Teile jeweils einen spezifischen Zweck erfüllen. Die bloße Agglomeration dutzender stark voneinander abgegrenzter Wohnzellen kann jenen Mikrokosmos nicht bilden, den das traditionelle Haus darstellt.

In den Mietskasernen bildet sich ein urbanes Straßen- oder Wegenetz aus, das sich durch die Gemeinschaftsräume bis in die einzelnen Stockwerke der Gebäude ausdehnt. In der Verschmelzung von Eingangshalle und Treppenhaus kann man ohne weiteres eine Art direkter Straßengabelung im Innern der Gemeinschaftshäuser sehen. Die Zweckmäßigkeit dieser beträchtlichen Erweiterung des städtischen Verkehrsnetzes, das bei Gelegenheit auch einer verstärkten Kontrolle unterzogen wird, wird man übrigens keinerlei Zweifel unterziehen.

Das unvermeidbare Arrangement zwischen einer großen Anzahl einzelner Wohnungen und einem äußerst reduzierten Erscheinungsbild scheint eine Reihe von Widersprüchen hervorzurufen. Raumersparnis und Kostensenkungen bei der Haushaltseinrichtung stehen dem Bedürfnis nach Bequemlichkeit und Komfort seitens der Bewohner entgegen. Vorgeblich, um die Integrität des Privatlebens der Haushalte zu schützen, führt die Überwachung der Häuser in Wirklichkeit zu einer Beschneidung der individuellen Freiheiten.

Zu den Sparmaßnahmen im Massenwohnungsbau, die in ihren Wirkungen nur selten ganz zusammenlaufen, gesellen sich den administrativen Bauregeln neue Schwierigkeiten hinzu. So ist es nicht verwunderlich, daß die Erbauer davor zurückschrecken, weitere Innovationsrisiken auf sich zu nehmen und stattdessen an den bewährten Modellen festhalten. Ihre Präferenz liegt bei einem Wohnungstyp, der Raumersparnis mit optimaler Rentabilität vereint. Ist die Anzahl der Wohnungen zu klein, so reichen die Mieteinnahmen nicht aus. Bei einer übermäßigen Anzahl von Wohnungen in einem Gebäude stellen sich dagegen neue Probleme, vor allem das der Überwachung.

Trotz ihres durchgängigen Hungers nach größtmöglichem Gewinn favorisieren die Eigentümer anscheinend Häuser von mittlerer Größe, und zwar in dem Maße, wie diese annehmbare Exploitationsgarantien bieten. Für eine begrenzte Anzahl von Nachbarhaushalten ist es noch möglich, in einem Klima wechselseitigen Vertrauens zusammenzuwohnen. Wo die Bewohner einander kennen, sind sie eher bereit, sich gegenseitig zu helfen.

Andererseits sind die Grundstücksinvestitionen insgesamt umfangreicher, wenn sie sich auf einen Häuserblock (îlot) beziehen, als wenn sie, obgleich in zunehmendem Maße, nur in Einzelparzellen fließen. Das finanzielle Risiko kleiner Eigentümer wird durch eine offizielle Bestimmung herabgesetzt, wonach es möglich ist, schwere und kostspielige Baustoffe, wie den Quaderstein, durch Preßstoffe oder gepreßte Blocksteine zu ersetzen. Mit einer größeren Verbreitung der durch die Erbauer vereinheitlichten Grundrißtypen entwickelt sich die Mietskaserne zur gleichen Zeit, da sie in quasi normalisierten Ausmaßen erstarrt, zum ökonomischsten aller städtischen Wohnmodelle.

Im großen und ganzen unterliegt die Konstitution des Arbeiterwohnungsbaus am Ende des 19. Jahrhunderts einer zweifachen Orientierung. Einerseits wirkt sich der Eingriff von Baugesellschaften mit spekulativen oder philanthropischen Zielen auf das Format der Bauten aus: Es entstehen cités für die große Masse mit vorwiegend gewaltigen Ausmaßen, die sich an der Grenze des Zulässigen bewegen. Andererseits werden von Unternehmern und privaten Bauplanern zunehmend kleinere Gebäude errichtet, die später, anders als die großen Blocks, als eine morbide soziale Last erscheinen, deren Krankheitsbild nicht die gleichen Extreme erreicht.

Wohnungsgröße und Verteilung der Podeste

Unter all den Faktoren, die das Funktionieren und die Ökonomie der Mietskasernen beeinflussen, spielt das Verteilungssystem der einzelnen Wohnungen eine fundamentale Rolle. Optimal im Hinblick auf die Baukostensenkungen ist ein zentrales Treppenhaus mit Absätzen auf den Stockwerken, über die die Wohnungen direkt zugänglich sind. In gewisser Weise dient das Treppenhaus als Maßstab für die Bemessung der Wohnungsflächen. Die Mietskaserne ist gewöhnlich nur die Verbindung von zwei, drei oder vier Appartements, die auf einer Fluchtlinie liegen.

Auch die Ausmaße der Wohnungen haben in dem Bestreben, die Grundflächen möglichst klein zu halten, um auf diese Weise die Anzahl der Zimmer und die Mieteinnahmen zu vergrößern, eine notwendige Grenze. Das Fehlen von Verbindungsfluren macht relativ enge ‚Achsmaße' üblich, die gewöhnlich noch unter 15 Metern liegen. Im übrigen ist die Tiefe der beständig wachsenden Gebäude künftig größeren Veränderungen unterworfen als ihre Breite.

Ohne nennenswerte Modifikationen der Innenaufteilung schießen die Mietskasernen zwischen 1860 und 1890 beträchtlich in die Höhe. Von den bis dahin üblichen dreistöckigen Häusern geht man zu fünf- oder sechsgeschossigen Gebäuden über. Die damit verbundene Ballung von Wohnungen, die alle über einen einzigen Treppenaufgang zu erreichen sind, wirkt sich auf das Verhältnis der Nachbarn untereinander nachteilig aus. Sie wäre sicher rasch zu einer Gefahr für die vertraulichen und höflichen Umgangsformen zwischen den Nachbarn geworden, wäre zwischen ihnen nicht bereits eine Art Angleichung erfolgt. „Die Bewohner von mehrstöckigen Häusern begegnen sich regelmäßig in den Treppenaufgängen und beobachten sich daher zwangsläufig; sie verlieren ihre rohen Umgangsformen und wachen darüber, daß ihre Kinder nicht etwa wegen schlampigen Aussehens den Hänseleien ihrer Gefährten ausgesetzt sind."[65] Diese von den Bewohnern selbst vorgenommenen Verhaltensregulationen erweisen sich als konfliktvorbeugend. Da sie den häuslichen Frieden zu garantieren scheinen, hüten sich die Bauherren dementsprechend vor Änderungen der inneren Organisation der Häuser.

Für den guten Ruf eines Hauses wird das Treppenhaus unabdingbar. Es trägt der gesellschaftlichen Entwicklung Rechnung. Will man den vornehmen Charakter eines Miethauses hervorheben, so genügen oft schon geringfügige Änderungen am äußeren Bild eines Treppenhauses. Zola beleuchtet die Rolle des Treppenaufgangs eines Pariser Privathauses folgendermaßen:

"Während der zwei Minuten, in denen er allein war, fühlte sich O. von der bedenklichen Stille des Treppenhauses ganz durchdrungen. Er beugte sich über das Geländer und atmete die laue Luft des Flurs. Dann hob er den Kopf und lauschte den kleinsten Geräuschen, die zu ihm hochdrangen. Es war der stille, leblose Frieden des bürgerlichen Salons, strengstens abgeschlossen, in den nicht der geringste Lufthauch von außen eindrang. Hinter den schönen Türen aus glänzendem Mahagoni war es wie auf den Gipfeln der Anständigkeit."[66]

Der Würde, der Wärme und der Ruhe des bürgerlichen Treppenhauses stehen der Lärm und die Kälte der proletarischen Miethäuser gegenüber. Das Monumentale der Privathäuser hat nichts gemein mit der Übermäßigkeit der Mietskaserne, die jedes Bild häuslichen Friedens von vornherein beeinträchtigen. Porportional zur steigenden Zahl von Haushalten auf einem Stockwerk scheint auch die Intoleranz zwischen den Nachbarn zu wachsen. Die Illusion einer großen gesellschaftlichen Familie, der alle gleichermaßen angehören, schwindet rasch. Als eine Art Fortsetzung der Straße ist das Treppenhaus gebranntmarktes Gebiet, ein kollektiver Schandfleck.

Der ehrwürdige und prunkvolle Treppenaufgang eines Patrizierhauses ist ein bedeutsamer Ort gesellschaftlicher Repräsentation, die allerdings nur den Reichen zusteht. Im Arbeiterwohnungsbau gibt es nichts dergleichen. An die Stelle individueller Repräsentation tritt kollektive Unterwerfung unter Verkehrsformen, die jede auffällige Geste verbannen. Die Schmucklosigkeit der Räume zwischen Straße und Wohnung wird mit der angeblich angeborenen Unterwürfigkeit der Arbeiter gerechtfertigt. Man hält sie darüber hinaus für grob und ungebildet und sieht in ihren offenbar unvermeidlichen Plünderungen einen weiteren Grund für diese Schmucklosigkeit.

Die Beförderung der Bewohner im Innern der Häuser bedient sich einer Verbindung von Räumen, deren Ausmaße und Aussehen ein mehr oder weniger günstiges Bild in den Augen der Beobachter hinterlassen. Je nachdem ob das Treppenhaus in der Mitte oder an der Rückseite des Gebäudes liegt, tritt der Eindruck des Eingeschlossenseins der einzelnen Wohnungen stärker hervor. Insbesondere der von Wien bekannte Typ des Treppenaufgangs, der sich an einer Außenwand des Gebäudes befindet und vom Tageslicht erhellt wird, verstärkt den Eindruck ihrer Unabhängigkeit, indem er ihren vornehmen Charakter unterstreicht.

Allgemeiner unterliegt das Verhalten der Bewohner dem Grundsatz des „Jeder für sich". Für das Tempo ihrer Wege bedeutet er eine Beschleunigung. Dennoch wird das Treppenhaus seitens der Erbauer zum Objekt wachsamer Aufmerksamkeit, da es elenden Gerüchen als eine Art Haupteinfallsweg dient. Die Erbauer erlassen für seine Nutzung hygienische Vor-

schriften, wie etwa die, daß die Fußmatten, falls die Umstände es erlauben, im Freien zu reinigen sind.
Die geringe Breite der Gänge hat unmittelbar zur Folge, daß sich die Wege der Bewohner häufig kreuzen. Sie lernen so der Versuchung widerstehen, sich unterwegs länger als nötig aufzuhalten. Ausschlaggebend für die Wahl der Verkleidungsmaterialien zur Eindämmung des durch Getrampel oder Erschütterungen hervorgerufenen Lärms ist, daß sie sich leicht reinigen lassen und schneller Abnutzung widerstehen. Bei der Verlegung elektrischen Lichts spielen Sicherheitsvorkehrungen eine wichtige Rolle. Es handelt sich um eine Vorsichtsmaßnahme, die vor dem Ausrutschen auf der Treppe bewahren soll. Die automatische Treppenbeleuchtung schaltet sich meist für nur wenige Augenblicke ein und hält die Bewohner bei der Treppenhausnutzung zur Eile an. Insgesamt hängen unmittelbare Annäherung und Isolierung der Familien in den Mietskasernen also eng zusammen.
Im Deutschen greift man auf die Metapher des *Gespanns* zurück, um die Anzahl der Wohnungen zu bezeichnen, die sich vom gleichen Treppenabsatz aus betreten lassen. So spricht man von Ein- oder Zweispännern, seltener von Drei- oder Vierspännern. Der Zweispänner ist der verbreitetste Typ. Mit seiner geringen Fläche von nur wenigen Quadratmetern erfüllt der Treppenabsatz mehrere Funktionen: Er verteilt die Bewohner auf ihre jeweiligen Unterkünfte; für die Besucher spielt er die Rolle eines Vorzimmers, für die Mieter der oberen Stockwerke die einer notwendigen Durchgangszone. Darüber hinaus ist es ein Ort, der zur Entwicklung latenter Konflikte beiträgt. Von seiner Definition her ein gemeinschaftlich zu nutzender Bereich, kann niemand Alleinbenutzungsrechte geltend machen, ebensowenig wie andere Formen der persönlichen Aneignung. In zahlreichen Fällen sieht eine Nutzungsordnung vor, daß jede Familie für die Sauberhaltung des Bodens vor ihrer Tür aufkommt. Gerade in dieser Hinsicht können unterschiedliche Reinlichkeitsauffassungen zu lebhaften Auseinandersetzungen zwischen den Nachbarn führen.
Das Halbdunkel, in dem sich die Treppenabsätze häufig befinden, verstärkt den Eindruck einer unsicheren Zone. Tritt der Bewohner über die Schwelle seiner Wohnung nach draußen, so erfaßt ihn, angesichts einer fremden, wenn nicht feindlichen Welt ein Gefühl der Furcht. Aufgrund seines halb privaten, halb öffentlichen Charakters nimmt der Treppenabsatz die Bedeutung eines gefährlichen ‚Trittbretts' an. Die Möglichkeit, in schlechte Gesellschaft zu geraten, hängt vage mit einer für das Treppenhaus eigentümlichen ungewissen Nähe zusammen: Auf dem Weg nach oben oder nach unten enthüllt sich die Anwesenheit eines Passanten erst ganz zuletzt, lange nachdem seine Schritte zu hören sind. So lastet auf dem Treppenabsatz ein

gewisser Fluch. Er trägt dazu bei, daß der Lärm im Treppenhaus allemal beunruhigend wirkt, dies um so mehr, als seine Quelle unbestimmt und anonym bleibt. Zuweilen erweckt er das dunkle Gefühl, jemand sei gefallen, die Treppe hinabgestürzt oder gestoßen worden.
Wenn sich zu dem Lärm auch noch Küchengerüche gesellen, so wird die Wohnatmosphäre ganz und gar unerträglich und der Eindruck der Feindseligkeit unter den Nachbarn verstärkt sich weiter. Der Umstand, daß man die unerwünschte Präsenz des anderen auf diese Weise ganz und gar zu spüren bekommt, macht den Gang durch das Treppenhaus um so beschwerlicher. Auch in dieser Hinsicht besteht zwischen den Treppenaufgängen der vornehmen oder weniger vornehmen Häuser ein deutlicher Unterschied. Es bedarf wahrlich keiner großen Anstrengung, damit sich die Atmosphäre im Innern eines friedlichen Zufluchtsortes zu einem unsicheren und gefahrenvollen Universum wandelt, damit sich ein heiterer Bach zu einem rasenden Strome entwickelt, damit das Herz eine Gebäudes zu einem gefährlich kranken Organ wird.
Der stattliche und geschlossene Charakter, den das Haus durch den Treppenaufgang gewinnt, ist ein Mittel, das die Planer sehr wohl zu nutzen wissen, um den sozialen Rang der Mietshäuser zu erhöhen. Sie treiben mit den Bewohnern ein hinterlistiges Spiel. Vorgeblich deren hohe und würdevolle gesellschaftliche Stellung berücksichtigend, garnieren sie vor allem die auffälligsten Partien der Gebäude reichlich mit Verzierungen. Darüber hinaus jedoch tun sie nichts, um die Wohnbedingungen zu verbessern. Mit dieser Politik des „An-der-Nase-Herumführens" suchen sie nicht nur die Bewohner, sondern zugleich die Stadtverwaltung und die breite Öffentlichkeit davon zu überzeugen, daß die Lage der Arbeiter nicht so kläglich sei, wie gewisse Leute es behaupten, und daß das Problem der Gemeinschaftswohnhäuser am Ende doch eine akzeptable Regelung gefunden habe. In dieser Hinsicht eröffnen die Treppenhäuser den Bauherren einen gewissen Handlungsspielraum. Sie nutzen ihn, um ihr Mietervieh zu größerer Folgsamkeit anzuhalten, indem sie es unumwunden in seine Wohnverschläge schleusen, und gleichzeitig, um gelegentlichen Besuchern das sichere Bild einer festgefügten Ordnung vorzuführen.
Doch worin besteht der entscheidende Unterschied zwischen einer Mietskaserne und einem einfachen Mietshaus? Der Unterschied verflüchtigt sich um so mehr, als beide sich in der Bauweise, von geringen Nuancen abgesehen, mehr und mehr angleichen. Schwierig ist eine solche Unterscheidung auch oftmals dort, wo es sich um Grenzfälle handelt. Gewöhnlich gilt die Sorge der Mietskasernenerbauer dem Äußeren ihrer Gebäude: Sie suchen das häufig besungene Grau in Grau des Arbeiterwohnungsbaus zu hinter-

treiben. Selbst die ärmsten Häuser erscheinen in unübersehbar deutlichem Glanz. Man läßt ihn fast ausschließlich an der „Schokoladenseite" des Hauses erstrahlen, d.h., an der Straßenfassade. An der Hofseite werden keine dekorativen Vorkehrungen getroffen. So sind die Berliner Mietskasernen mit Kranzgesimsen, Bandgesimsen und Kragsteinen bespickt, wie die Pariser Kasernen von einer neoklassizistischen oder eklektischen Formengrammatik überquellen. Die Mitarbeit des Architekten wird vor allem erforderlich, um das Spiel zwischen glatten Flächen und Unterbrechungen einer Fassade zu regeln und ihre verschiedenen Komponenten aufzugliedern. Die Grundrißgestaltung eines Stockwerks ist weniger eine Frage der Phantasie und der Kreativität als einer äußerst pragmatischen Flächenüberbauung – überdies lehnt sie sich häufig genug an bereits bestehende Modelle an. Es kommt oft vor, daß die Planer zugleich auch Bauunternehmer sind; sie stellen dann die für den Bau bestimmten Gebiete und Grundstücke zur Verfügung, sie sorgen für die Ausarbeitung der Entwürfe, für die Durchführung der Arbeiten, und schließlich sind wiederum sie es, die die Mieter ausbeuten (häufig wird die Wohnungsvermietung von den Unternehmern persönlich vorgenommen). Ein beträchtlicher Teil der zwischen 1870 und 1910 erbauten Wohnanlagen entstand auf diese Weise.
Äußerlich gibt es keine Anzeichen, die auf die extreme Enge der Wohnung schließen lassen. Sorgfältig von ihren Erbauern eingekleidet, tragen die Mietskasernen offen ihre *lettres de noblesse* zur Schau. Majestätisch eingefaßte Portale, Verblendungen, die das Mauerwerk der Patrizierhäuser imitieren, absolute Symmetrie und Regelmäßigkeit der Durchbrüche: Alle Erwartungen an ein „gutes" Haus scheinen in diesem Bravourstück der Straßenfassade zusammenlaufen. Architekten gehen dazu über, Achtung vor dem eigenen Heim zu fordern und den relativen Wohlstand seiner Bewohner zu akkreditieren. Offenes Einverständnis besteht darüber, daß es das Geheimnis des Arbeiterwohnungsbaus wie unter einer Maske zu verbergen gelte, um die notwendige, wo nicht wünschenswerte Anwesenheit der Arbeiter in der Stadt vergessen zu lassen. Die Fassadenkompositionen spiegeln kaum etwas von der Innengestaltung der Wohnungen, die im Grunde Sache ihrer Bewohner ist. Beide haben extrem wenig miteinander zu tun.
Demagogische Züge erhalten die Äußerungen der Bauherren dort, wo sie die menschliche Würde der Arbeiter laut verkünden, tatsächlich aber alle Schwächen ungebildeter und unzivilisierter Wesen in ihnen zu erkennen glauben. Theaterhaftes Dekorieren und Überschminken der Arbeiterhäuser erfolgt nicht nur aus Gründen der Werbewirksamkeit, man sucht darüber hinaus dem Menschen auf der Straße einen euphemistischen Eindruck zu vermitteln und die Erinnerung an gleichsam aussätzige Bilder des Elends

evozierende Häuserfassaden zu verbannen. Nur selten wird dieser Schwindel, der dahin geht, enge Räume mit baukünstlerischem Pomp zu verbinden, von Beobachtern entlarvt. Die baukünstlerische Eintrübung antagonistischer Klassenverhältnisse ist um so schwieriger zu durchschauen, als sie heimlich mit den Mitteln eines doppelsinnigen Bilderhandels vorgeht. All das stützt den Glauben, das Modell der Mietskaserne, als zentrale Manifestation des Arbeiterwohnungsbaus, existiere in Wirklichkeit nicht. Stattdessen gebe es nur die geweihten Stätten kollektiven Wohnens für eine Bevölkerung, die nichts als stabile Mietbedingungen zu erringen sucht.

Tatsächlich verbirgt sich hinter dieser bescheidenen und vorgeblich philanthropischen Mission nur finanzielles Rentabilitätsdenken. Die Forderung nach Rentabilität impliziert eine kurzfristige Amortisierung der Miethäuser. Die Mietskasernen andererseits sollen eine lange Lebensdauer besitzen und ihren Erbauern bei geringem Geldeinsatz dauerhafte Gewinne sichern.

Zwischen 1870 und 1900 erlangen die Arbeiterkasernen in den Industriestädten einen solchen Verbreitungsgrad, daß das Phänomen des Massenwohnens auch in der öffentlichen Meinung positiv aufgenommen wird. Für die Arbeiter werden die Mietskasernen zum täglichen Refugium. Aus Angst, auf die Straße gesetzt zu werden, hüten sie sich, ihre Unzulänglichkeiten und Mängel zu beanstanden. Würde eine Kritik an der eigenen Wohnsituation außerdem nicht unweigerlich auf ihren Urheber zurückfallen? Würde sie nicht als eine Art Selbstanklage gedeutet? Wer die urbanen Mietskasernen anerkennt, der würde in noch stärkerem Maße die Anwesenheit der Arbeiter in der Stadt anerkennen, ja gutheißen.

Im 20. Jahrhundert führt das Eingreifen der Wohnungsreformer zur Errichtung halbindividueller Wohnsiedlungen. Man richtet sich damit vor allem gegen die massiven Kasernierungsformen. In der Ablehnung dieser Formen manifestiert sich eine allgemeine Abneigung gegen die Ballung von Menschen in kompakten, nur durch schmale Gassen getrennten und daher dunklen Miethäusern. Der Übergang zu Häuservierteln, die durch freie Räume und Gärten aufgelockert werden, erscheint als der normale Weg zu dem erwarteten Aderlaß. Bereits zuvor hatte man im Aufsprengen der gewaltigen Wohnblocks eine Lösung des Problems erhofft; nun leitet es die unwiderrufliche Zerstückelung des urbanen Gewebes ein. Im 20. Jahrhundert wird es, angeblich aus gesundheitlichen Gründen, notwendig sein, ganze Stadtviertel abzureißen. Man beginnt zu erforschen, wie der Kontakt zwischen Wohnung und Straße beschaffen sein muß, damit sich positive soziale Beziehungen ausbilden können, und wie sich diese auch noch unter als unsicher eingeschätzten Wohnumständen entfalten können. Eigenmäch-

tige Maßnahmen im Rahmen der Stadtsanierung richten sich häufig gegen die Mietskasernen, die im Wohnungsbau die Rolle des Sündenbocks übernehmen. Man sucht die Erneuerung zu früh aufgegebener Gebäude mit ihrer Baufälligkeit zu rechtfertigen. Nach Maßgabe dieser Logik geben nur Wohnungen, die den Gesundheitsanforderungen genügen, die Möglichkeit, anständig zu leben.
Ein seltsamer Meinungswandel erfolgt im letzten Drittel des 20. Jahrhunderts: Man tendiert dazu, die Mietskasernen als Gegengift gegen das aufgesplitterte Wohnen und als eine Art Symbol sozialer Sammlungsbewegungen zu rehabilitieren. Durch diesen Perspektivwechsel erscheint die Mietskaserne mit ihren aufgegliederten Stockwerksgrundrissen, ihren schmalen Fenstern und ihrer immensen Höhe als ein willkommenes Gegenstück zu den banal gewordenen Räumen des „modernen" Wohnungsbaus. Die Anhänger intimerer Formen der Wohngestaltung nehmen sie zum Anlaß, um an Gewohnheiten einer lange vergessenen, affektiven Verwurzelung mit der eigenen Heimstätte anzuknüpfen. Diese Art von mitleidiger Verwertung eines bis dahin verpönten Wohnmodells führt dazu, daß man an Mietskasernen Symptome der Urbanität erkennt und in ihrem Fortbestehen eine bevorzugte Anknüpfung an die Geschichte sieht.

3 Morphologie der Wohnungen

Angesichts der zahlreichen Behandlungsmöglichkeiten, die die Geschichte der Gemeinschaftswohnung bietet, ist man stets zu Vereinfachungen gezwungen. Die hier verfolgte Spur beginnt in jener Zeit, da die Stadtwohnung nicht mehr als ein Konglomerat von Schlafzellen bildet und führt im folgenden zu immer ausgereifteren Modellen. Um diesen Wandel vom Einfachen zum Komplexeren nachzuvollziehen, bedarf es ebenso konzentrierter Nachforschungen wie behutsamer Ableitungen.

In jedem Fall aber sollte man den Eindruck vermeiden, als gäbe es eine unverbrüchliche Folge weniger bevorzugter Wohnmodelle, die kontinuierlich perfektioniert werden. Die wirkliche Entwicklung nimmt einen anderen Verlauf. Einen dominierenden Einfluß besitzt die Fortschrittsfeindlichkeit der Bauherren, so daß Verbesserungen nur gezwungenermaßen vorgenommen werden. Bemühungen von seiten der Planer werden häufig durch die Trägheit der Geldgeber und der Behörden, die in der Regel bewährte Rezepte vorziehen, zunichte gemacht.

Andererseits geht von den raschen Veränderungen der Lebensgewohnheiten, die sich vor allem in Nahrungs- und Hygienepraktiken manifestieren, ein gewisser Antriebseffekt aus. Unter dem Diktat der Not geht man dazu über, die Wohnungsgrundflächen auszudehnen sowie Belüftung und Einrichtung zu verbessern. Allemal bleibt jedoch der Wandel der Wohnmodelle hinter dem technischen Fortschritt und dem Bedürfnis nach Komfort zurück.

Obwohl Ende des 19. Jahrhunderts neue Wohnviertel entstehen und Industriestädte wie Pilze aus dem Boden schießen, gestaltet sich die tatsächliche Entwicklung des Wohnungsbaus nur langsam und unter schwierigen Bedingungen. Die typologische Entfaltung des Gemeinschaftswohnens vollzieht sich nicht während einer einzigen Bewohnergeneration, sondern über Jahrzehnte hinweg. Illusionäre Vorstellungen von einem raschen Wandel, der sich aus entsprechenden Veränderungen in anderen Bereichen ergeben könnte, entbehren jeder Grundlage. Tatsächlich konnten aber nur einige Etappen dieser Entwicklung rekonstruiert werden. Die meisten sind dem Vergessen anheimgefallen. Darin liegen die Grenzen einer solchen Arbeit mit all ihren übermäßigen Vereinfachungen.

Die Zimmerflucht

Zimmerfluchten finden sich in engen Baukörpern, deren Tiefe sie ganz einnehmen, ebenso wie in größeren Blocks, wo sie sich gewissermaßen auf zwei Reihen erstrecken. In ihnen spiegeln sich jene Sparbemühungen, die für bescheidene Bauprogramme charakteristisch sind. Doch ist die Anordnung der Zimmer entlang einer geraden Achse auch Kennzeichen für die Wohnstätten der Reichen. Der Verbund der Salons bildet traditionellerweise eine *Suite* und erzeugt damit jene für die gesellschaftliche Repräsentation erforderliche Weitläufigkeit der Räume.

Das Dispositiv der Zimmerflucht erhöht die Bedeutung der sogenannten Empfangsräume, die sich gewöhnlich an der zum Garten gelegenen Hauptseite des Hauses befinden. Das gesellschaftliche Ritual schreibt den Empfang von Besuchern im ersten Salon vor, ihre Bewirtung in dem sich anschließenden Eßzimmer, von wo aus man sich für den Abend in einen weiteren Salon begibt. Hausherren und Gäste bewegen sich auf einer Längsachse, wobei sie die Räume in einem offenbar allen bekannten Zeitrhythmus durchschreiten. Dem Besucher genügt in der Regel ein kurzer Blick in die Flucht der Salons, um sich über seinen Standort innerhalb des Hauses und die von ihm erwarteten Verhaltensmuster zu vergewissern.

In den bürgerlichen Häusern erreicht die Flucht zwischen den äußersten Räumen eine Gesamtlänge von 20, manchmal 30 Metern und mehr. Allerdings lassen solche Entfernungsdimensionen, zumal dort, wo visuelle Identifikationen möglich sind, keine persönlichen Gespräche mehr zu, abgesehen von Ausrufen, die sich an die Bewohner richten, oder Verweisen an das Hauspersonal.

Der Türrahmen übernimmt also die Rolle einer Bühnenwand. In seiner Öffnung bietet sich ein Schauspiel gesellschaftlicher Interaktionen, deren Modalitäten offenbar vorher durch ein Szenario festgelegt wurden.[67] Die Verbindungstüren liegen auf einer Achse, so daß sich das Prinzip der Raumverkettung nur in einer einzigen Perspektive enthüllt. Auch wenn die Türen geöffnet sind, entzieht sich ein beträchtlicher Teil der Räume doch den Blicken der Beobachter. Diese Art der Raumverschwendung ist an den Ritualen bürgerlicher Repräsentation ausgerichtet: Der Hausherr hat so die Möglichkeit, den Gästen all seinen Wohlstand zu demonstrieren.

Die Inszenierung geht zwangsläufig mit dem Ausschluß einer Personengruppe einher, die gleichwohl zum Haus gehört: den Hausangestellten, betagten Eltern oder Kindern. Die wachsende Zahl von Schauspielern und Statisten führt zu einer Veränderung der häuslichen Szenographie, zur Einführung eines neuartigen Kulissensystems: Nebeneingänge, Waschräume

und Toiletten garantieren den reibungsfreien Ablauf des mondänen Lebens. Ihrer „impedimenta"* entledigt, steht die Bühne ganz und gar im Dienst der gesellschaftlichen Repräsentation und Reproduktion. Als Zeichen einer Art räumlicher Verschwendung wird die Zimmerflucht zum Beweis für die Großzügigkeit ihrer Bewohner.
Zwei- oder Dreizimmerfluchten künden in den Arbeiterwohnungen des 19. Jahrhunderts von einem sozialen Fortschritt, der mit einem allmählichen Verschwinden jener Einzimmerwohnungen einhergeht, in denen ganze Familien Unterkunft fanden. Allerdings besteht anfangs noch Unsicherheit darüber, welche Haushalts- und Lebensfunktionen die neu gewonnenen Räume erhalten sollen. Die relative Streckung der Wohnungsgrundrisse macht es möglich, neue Organisationsmodelle häuslichen Lebens zu entwerfen und damit die Übernahme komplexerer Wohnungsgrundrisse nach bürgerlichem Vorbild zu beschleunigen. Die Verdrängung der einzelligen Wohngeometrie durch eine vielzellige Morphologie trägt zu einer gewissen *Distanz* zwischen den Familienmitgliedern bei.
Dieser Prozeß räumlicher Aufsplitterung vollzieht sich jedoch ohne eine entsprechende Ausdehnung der Grundflächen. Trotz der Neuaufteilung bleibt der Lebensraum der Bewohner vollkommen unzureichend, oder richtiger, hinter dem tatsächlichen Bedarf stets zurück. Die Innenmaße der Wohnungen entsprechen noch einer Bauweise, bei der der Abstand zwischen den Außenwänden und den gewöhnlich durch Holzbalken getragenen Trennwänden vier Meter nicht überschreitet. Die damit vorgegebene physische Nähe zwischen den Individuen macht alle Überlegungen um eine optimalere Raumnutzung oder um optimalere Interaktionsformen bereits im Ansatz zunichte.
Es kommt jedoch auch vor, daß man seine Aufmerksamkeit – jenseits dieser rein zahlenmäßigen Betrachtungen – den Modalitäten der Öffnung und Abschließung der einzelnen Zimmer zuwendet, um damit den Einfluß der inneren Mikrogeographie auf die Beziehungen des Zusammenwohnens zu eruieren. Abhängig von ihrer Entfernung zur Außenwand bestimmt die exakte Position der Türen zwischen den benachbarten Zimmern den Verlauf der Wege im Wohnungsinnern. Die unmittelbare Umgebung der Fenster bleibt zuweilen häuslichen Arbeiten vorbehalten, dann wird sie von den Bewohnern aber auch als Durchgang benutzt. Liegt der Zimmerdurchgang relativ zentral, so gibt er im Vorder- oder Hintergrund des Zimmers, abseits vom Weg, volle Nutzflächen frei. Diese Art der *bereichstypischen* Raumauf-

---

* *impedimentum* (lat.), Hindernis (A.d.Verl.)

teilung favorisiert jeweils bestimmte Nutzungsmöglichkeiten. Vor allem hat sie eine Trennung von sitzenden und stehenden Tätigkeiten zur Folge. Insgesamt erscheint die Raumnutzung differenzierter und daher auch besser strukturiert.
Reger Durchgangsverkehr von einem Zimmer zum anderen wird von den Städtern am Vorabend der industriellen Revolution offenbar nicht zwangsläufig als eine permanente Bedrohung des Intimlebens erfahren. Sogar die Übernahme von Wohnungsgrundrissen, bei denen man erst drei Zimmer sukzessive durchqueren muß, um in ein viertes zu gelangen, scheint nicht völlig inakzeptabel.
Die mit der Einfluchtung einhergehende Ausgestaltung der Wohnräume gilt schon bald als ein Beweis für den sozialen Fortschritt, da der Flächenzuwachs sowie die geschicktere Zuordnung der häuslichen Aufgaben zu spezifischen Wohnbereichen den Bewohnern mehr oder weniger zugute kommt. In den nach der Revolution von 1848 errichteten Pariser Häusern für Haushalte mit mindestens drei Kindern kommen die Zweizimmerwohnungen nie über eine Grundfläche von 30 qm hinaus, was im Durchschnitt etwa fünf bis sechs Quadratmeter für jeden Bewohner bedeutet.[68] In den damaligen übervölkerten Arbeiterwohnungen erscheint die Zimmerflucht mehr wie eine Flucht einiger Schlafzellen als eine Reihe unabhängiger Zimmer. Nur Ausschnitte der Zimmer (und nicht ganze Räume) können den wesentlichen häuslichen Funktionen zugeordnet werden. Solange der Wohnraum derartig knapp bemessen bleibt, kommt die Möglichkeit, dem einzelnen Bewohner ein eigenes Zimmer ganz zu überlassen, noch nicht in Frage.
Im Entwurf der von Graf de Madre um 1860 im Pariser Stadtteil St. Maur erbauten Wohnhäuser ist die Nutzung der Räume noch relativ unbestimmt. Angesichts der hohen Bewohnerzahl unterliegt die Erfüllung der häuslichen Arbeiten in den kleinen Zweizimmerwohnungen erschwerten Bedingungen. Teilweise zwingt die Enge der Wohnfläche ihre Bewohnerschaft, die tags und nachts genutzten Orte zweimal täglich neu herzurichten.
Die von der „Société Philanthropique" in Paris an der Boulevard de Grenelle erbauten Wohnungen, dem Schnittmuster nach Dreizimmerfluchten, können anderseits als Keimzelle für eine funktionelle Unterscheidung der jeweiligen Wohnungspartien angesehen werden. Die Räume sind nicht mehr nur einfach isotrop. Zwischen *Tisch* und *Bett* wird eine klare Trennung vollzogen.
In einer immer noch rudimentären, obwohl im Verhältnis zur Vergangenheit bereits fortschrittlichen Beschreibung der häuslichen Szenerie „steht der Herd, an dem die Mahlzeiten bereitet werden und um den herum man sich abends und bei Zusammenkünften aufhält, im Zimmer des

Familienoberhaupts".⁶⁹ Der Standort des Kamins erinnert an einen Befehlsstand. Ohne den gleichen Gebrauchs- und Symbolwert wie in ländlichen Bauernhäusern anzunehmen, verkörpert der Herd den Mittelpunkt des Hauses. Er trägt dazu bei, daß die Zimmer unterschiedliche Nutzungsfunktion erhalten. Darüber hinaus begünstigt er aber auch die zeitliche Organisation häuslichen Lebens, da er den einzelnen Tätigkeiten zeitliche Grenzen setzt.

Die zunehmende Tendenz, die Zimmer ihrer Bestimmung entsprechend zu spezifizieren, scheint sogar den Fortbestand des Dispositivs der Einfluchtung zu gefährden. Die Komplexität der häuslichen Aufgaben macht Umstände und zuweilen auch Umwege erforderlich, die mit einem linearen Schnittprinzip unvereinbar sind. Wo die räumliche Organisation zu einer Trennung der häuslichen Funktionen beitragen soll, ist die direkte Verbindung zwischen den Zimmern nicht mehr in jedem Fall zweckmäßig. Die von den Erfordernissen der Haushaltsführung bedingte funktionale Aufteilung der Wohnung macht somit eine Neugestaltung der Wohnhäuser erforderlich. Das Prinzip der Einfluchtung der Zimmer auf einer Längsachse wird nun von einem transversalen Verteilungsmodus abgelöst. Er führt zu einer integralen Ausbreitung der Wohnung innerhalb der gegenüberliegenden Fassaden.

Der »plan traversant«

Um 1840 trägt der englische Architekt Henry Roberts – Ehrenmitglied der Gesellschaft zur Verbesserung des Schicksals der arbeitenden Klassen – in London maßgeblich zur Verbreitung eines Gemeinschaftswohnungstypus bei, der auch in anderen Ländern als so fortschrittlich gilt, daß der Präsident der französischen Republik 1850 die Übersetzung und Publikation seines Buches veranlaßt.⁷⁰ Roberts schreibt: „Wir hegen indes die freudige Hoffnung, gestützt auf den christlichen Glauben und vereint im aufgeklärten und wohlgelenkten Geist der Philanthropie, eine ebenso gravierende Veränderung in den Sitten der arbeitenden Klassen zu erwirken, wie sie in unseren Gefängnissen erfolgt ist."⁷¹ Nicht zufällig werden Gefängnis und Wohnung einander angenähert. Die in beiden Institutionen vorherrschenden Lebensformen der Menschen lassen sich durchaus vergleichen.
In der durch die räumliche Abgeschiedenheit erzielten Trennung der Individuen hat man wohl eine zentrale Maßnahme zu sehen, die in der Gefängnis- und Wohnungsreform gleichzeitig Anwendung findet. „Plant man Wohngebäude für eine große Anzahl von Familien zu errichten, so gilt es einen

London.
Plan des Doppelhauses
Architekt: H. Roberts

Um 1840.
Ansicht des Gemeinschaftsraumes
und Wohnungsgrundriß

Kernpunkt zu berücksichtigen, nämlich die Separation der Haushalte, die Unabhängigkeit jeder einzelnen Familie, die Abtrennung der Wohnungen, um auf diese Weise das Eindringen ansteckender Krankheiten zu verhindern."[72] Vorrangiges Ziel bei der Umgestaltung der Gemeinschaftswohnungen ist die Verbesserung der häuslichen Hygiene. Die natürliche Belüftung der Treppenabsätze und Flure trägt dazu ebenso bei wie die Trennung der Wohnungen. Darüber hinaus ergibt sich aus der Fenstersteuerbefreiung für Wohnungen mit weniger als insgesamt sieben Fenstern eine beträchtliche Geldersparnis. Und schließlich erweisen sich die Vorteile, die die Trennung der Wohnungen für die planmäßige Überwachung der Bewohner, für die Kontrolle ihres Kommens und Gehens, für die Hausordnung insgesamt mit sich bringen, in den von Roberts empfohlenen Maßnahmen als entscheidend.

Die an den Wohnungen vorgenommenen Änderungen treten besonders deutlich am Grundriß des von Roberts um 1840 entworfenen *Doppelhauses* hervor. Darin mündet das Treppenhaus in einen überdachten Gang, der seinerseits Zugang zu den mit Toiletten versehenen Fluren verschafft. Gleich zu Beginn betritt man einen Gemeinschaftsraum von ungefähr 14 m². Von diesem Hauptzimmer gehen drei belüftbare Schlafzimmer ab, die sich an der gegenüberliegenden Außenwand befinden, sowie ein kleiner Luftschaft zum Treppenhaus.

Der Umstand, daß jede Wohnung nun zwei Außenwände besitzt, kommt der Wohnqualität durchaus zugute. Dieses *transversale* Moment des Plans, d. h. die Tatsache, daß die Wohnräume die gesamte Tiefe des Gebäudes durchmessen, garantiert die Gesundheit der Wohnung, vor allem durch die Möglichkeit des Luftdurchzugs. Hinzu kommt, daß sich die Qualität der natürlichen Belichtung durch den zweimaligen Einfall des Tageslichts beträchtlich verbessert.

Der Gemeinschaftsraum ist mit allen übrigen Zimmern verbunden. Da es zwischen ihnen keine weiteren Verbindungen gibt, ist der Verkehr innerhalb der Wohnung sternförmig organisiert. Die Kohärenz der Wohnung ergibt sich aus der Komplementarität und der Abhängigkeit der Zimmer im Verhältnis zum Hauptzimmer, dem Gemeinschaftsraum. Zugleich Versammlungsort der Familie und Drehscheibe des häuslichen Lebens, verkörpert der Gemeinschaftsraum den Mittelpunkt der Wohnung. Nach dem Roberts-Plan kommt dem Hauptzimmer eine komplexe Aufgabe zu: Als zentraler Lebensbereich, als notwendiges Durchgangszimmer für jeden, als eigentlich häuslicher Ort. Diese scheinbar widersprüchlichen Bestimmungen heben sich keineswegs gegenseitig auf, sondern verstärken sich noch, da sie die Wohnqualität erhöhen. Betrachtet man die von den Bewohnern in

ihren Wohnungen eingenommenen Positionen, so scheint die für frühere Stadien des Wohnungsbaus charakteristische Immobilität zu verschwinden. Komplexere und feinere Raumkonfigurationen lockern diese starren Verhältnisse allmählich auf.
Die Küchenvorrichtung verteilt sich in der von Roberts entworfenen Wohnung über eine ungefähr fünf bis sechs Meter lange Fläche. Sie wird von zwei Polen eingegrenzt, die zugleich Wärme- bzw. Kältepole sind und deren Verbindungslinie für die Organisation der häuslichen Tätigkeiten eine Hauptachse bildet: Auf der einen Seite der offene Kamin im Gemeinschaftsraum und auf der anderen Seite ein kleiner Ausguß für das fließende Wasser. Statt der für die kontinentale Küche charakteristischen Konzentration der „commodités" herrscht hier ein viel diffuseres Prinzip der Raumökonomie vor. So ist es aufgrund der Verstreuung der Haushaltseinrichtung nicht mehr notwendig, die Mahlzeiten an einem einzigen Ort und gemäß einem unveränderlichen Ritual einzunehmen. Die Wohnung bietet zahlreiche Nutzungsmöglichkeiten. Die günstige Lage des Kaminzimmers sorgt für Lebendigkeit und lädt die Bewohner ein, ihre Abende darin zu verbringen. Und allmählich entledigt sich die häusliche Atmosphäre auch jener allzu globalen Alternative zwischen Tisch und Bett.
Es läßt sich nicht genau sagen, in welcher Höhe das Buch von Roberts aufgelegt wurde und in welchem Maße sein Entwurf die Wohnpraktiken zu ändern vermochte. Ebenso wenig läßt sich exakt bestimmen, ob das Familienleben andere Formen angenommen hat, um den veränderten häuslichen Raum zu nutzen. Allem Anschein nach war es den Familien von Anfang an darum zu tun, ihre erworbenen häuslichen Gewohnheiten beizubehalten. Aufgrund ihrer Armut mußten sie vor allem darum bedacht sein, ihre unsichere häusliche Ökonomie mit möglichst geringem Aufwand zu neuem Leben zu erwecken. Unter diesen Bedingungen konnte das Alltagsleben kaum noch die Bedeutung eines „besseren Lebens" im Sinne einer vielgestaltigeren Raumnutzung annehmen.
Trotz kulturell unterschiedlicher, historisch und geographisch variierender Wohnformen erleichtert die allgemeine Einführung des »plan traversant« in den Arbeiterwohnungen die Neuaufteilung der häuslichen Funktionen. Die Existenz zweier Außenwände begünstigt die Trennung zwischen der Vorder- und der Hinterseite des Hauses. Und durch diese Bipolarität treten die unterschiedlichen Wohnformen ihrerseits deutlicher hervor. Individuelle Momente lösen sich mehr und mehr von kollektiven ab. Die Bewohner gehen nicht mehr aufeinander zu, sondern ziehen sich auf bestimmte Orte innerhalb der Wohnung zurück. Die Vergrößerung der Wohnfläche verändert ihre Beziehungen, sie bringt spezifische Verhaltensregeln mit sich.

Doch sollte man in der Durchsetzung des »plan traversant« nicht nur die Gewährung wirklicher Freiheiten für die Arbeiter sehen. Die Übertragung eines von bürgerlichen Wohnmodellen inspirierten Entwurfs auf die Situation der Arbeiterklasse ist vor allem von der Notwendigkeit geprägt, ehemalige Störmomente im Wohnbereich zu beseitigen und stattdessen auch die am meisten benachteiligten sozialen Gruppen endgültig zur Seßhaftigkeit anzuhalten. Für die Bewohner impliziert der »plan traversant«, daß sie die etablierte Hausordnung anerkennen.

Das mittlere Vorzimmer

Anders als im Entwurf von Roberts besitzt das am Ende des 19. Jahrhunderts verbreitetste Wohnungsmodell einen zentralen Flur, der den Zweck hat, die Zimmer voneinander unabhängig zu machen. In der bürgerlichen Wohnung wird die für Herren und Bedienstete notwendige soziale Distanz durch das Vorzimmer gewahrt. Darüber hinaus erleichtert es die Trennung von Kindern und Erwachsenen. Und schließlich gestattet es, sich vor Besuchern heimlich zurückzuziehen oder zumindest deren Eintritt in den Salon hinauszuzögern. Da der Flur von den Bewohnern ständig durchquert wird, kann man es jenem Vorzimmer vergleichen und als einen Durchgangsraum bezeichnen, der innerhalb der Wohnung die Rolle einer Pufferzone übernimmt.
In der zweiten Hälfte des 19. Jahrhunderts hält dieses Raumdispositiv in den Zivilkasernen des Massenwohnungsbaus seinen Einzug. Die Anordnung der Zimmer an einem Innenkorridor verstärkt den Trennungseffekt zwischen den Bewohnern. Gleichzeitig wird das Gefälle zwischen Wohnung und vermieteten Räumen, die eine direkte Verbindung nach draußen herstellen, eingeebnet. Dank der Existenz eines zentralen Flurs, der jedem Bewohner eine gewisse Unabhängigkeit garantiert, gibt es im Zusammenleben zwischen der Familie und etwaigen Schlafgängern weniger Schwierigkeiten.
Die Evolution des Arbeiterwohnungsbaus ist von den Wohnmodellen der Reichen beeinflußt, wobei sie vor allem das Schema einer strahlenförmigen Raumaufteilung ausgehend von einer zentralen Halle reproduziert. In diesem Prozeß der Ausdehnung der Arbeiterwohnungen nach bürgerlichen Normen scheinen herrschende und beherrschte Klassen in einer Art uneingestandener Komplizität verbunden zu sein. Theoretisch hätte diesen Umgestaltungen des häuslichen Wohnraums die Übermittlung eines bestimmten Wohnwissens (savoir-habiter) entsprechen müssen. Ein höherer Lebensstandard stärkt zwangsläufig das Selbstbewußtsein seiner Nutznie-

ßer, was nicht heißt, daß alle von ihnen auf den stummen Befehl „Lassen Sie sich doch von unserem Beispiel inspirieren!" hereinfallen.

Es ist sicher nicht übertrieben zu behaupten, daß ein zentraler Flur im Wohnungsgrundriß die innere Topologie der Wohnung radikal verändert. Seine Lage in der Mitte des Gebäudes hat eine Aufteilung der Wohnung in zwei gegenüberliegende „Abhänge" zur Folge. Gewöhnlich symbolisieren Küche und Gemeinschaftszimmer, die beide zur Straße gelegen sind, den gemeinschaftlichen Aspekt des Familienlebens, wohingegen die zum Hof gelegenen Schlafzimmer die Individualität der Bewohner wahren sollen. Eine solche Differenzierung der Wohnräume macht die Klassifizierung der verschiedenen häuslichen Tätigkeiten deutlich. Bewohneranteil und Nutzungsstatus der Zimmer unterliegen damit von vornherein strengen Vorschriften. Auf diese Weise ist für eine rigidere Geschlechtertrennung gesorgt, die eheliche Sexualität wird geschützt und die Beziehungen zu den Hausangestellten kommen ins rechte Lot.

Der Flur bildet eine Schaltstelle zwischen den gegenüberliegenden Wohnhälften; er gehört im Grunde niemanden und vermag daher potentielle Konflikte aufzuheben. Das Halbdunkel, in das er getaucht ist, sowie seine Enge tragen dazu bei, daß die Beziehungen der Bewohner untereinander abflauen oder vorsichtiger werden. Hinzu kommt, daß sich das Vorzimmer zwischen Wohnung und äußeren Hausflur schiebt, was man als zusätzliche, keineswegs unwesentliche Vorsichtsmaßnahme deuten könnte.

Der individuelle und autonome Charakter der Zimmer wird durch ihre gemeinsame Zuordnung zum Korridor verstärkt. Der Weg von einem Zimmer ins nächste ist nur über den Umweg des Flures möglich, eine Art Vermittler, der die Wege verlangsamt, indem er sie umleitet und neu strukturiert. Dabei treten die Raumübergänge deutlicher hervor und nehmen eine Bedeutung an, die sie von der einfachen Überschreitung einer Türschwelle unterscheidet.

Doch hat die Lebendigkeit des Vorzimmers auch etwas Ungewisses: Jederzeit kann das Unvorhersehbare einbrechen. Der Flur vermittelt nicht nur einen vertrauten Eindruck, bisweilen erzeugt er eine latente Angst, die vage Kindheitserinnerungen heraufbeschwört. Die Identifikation der Bewohner mit den Räumen ihrer Wohnung schließt dieses geheimnisvolle Moment, das im Flur entsteht und auf das individuelle Unbewußte verweist, keineswegs aus. Erinnerungen an frühere Wohnerlebnisse sind in starkem Maße verdrängt und dementsprechend langlebig. Darin sind sie primitiven Bildern oder Erinnerungen an die Mutter vergleichbar. Verschiedene Winkel der Wohnung (Flur, Alkoven, Schlupfwinkel) rufen nostalgische Gefühle an eine Zeit wach, die in dem Maße präsent ist, als sie sich entzieht.

Wie ein Erdgraben festigt der zentrale Flur die Unabhängigkeit aller Zimmer gleichermaßen. Man ist versucht, diese Distanz zwischen den Zimmern als Ausdruck bourgeoiser Reserviertheit zu interpretieren. Die Verantwortlichen des Wohnungsbaus sehen darin eine Tugend, das Unterpfand für eine „gute" Erziehung. Sie versuchen daher, der Vertraulichkeit unter den Arbeitern entgegenzusetzen. Tatsächlich ist es in den wohlhabenden Schichten üblich, stets maßvoll zu agieren, jeden Ausdruck von Begehren oder Outriertheit zu vermeiden und sich, ganz wie man es erwartet, kleine Geheimnisse zuzulegen. In diesem moralischen Kontext erscheint das mittlere Vorzimmer somit als ein räumliches Intervall, das in zahllosen alltäglichen Dingen eine Vermittlungsfunktion übernimmt, die Brutalität hierarchischer Beziehungen abschwächt und höfliche Umgangsformen vorschreibt. Um alle möglichen Zwischenfälle des Familienlebens aufzufangen, stützt sich die häusliche Szenographie auf verschiedene Räume, auch auf das Vorzimmer.

Ausgehend von bürgerlichen Modellen entsteht auch im sozialen Wohnungsbau ein vergleichendes Wertesystem, was zur Folge hat, daß sich die Klassen zunehmend einander angleichen. Man verlangt von den Arbeitern, daß sie für ihr Privatleben selbst aufkommen, wodurch die Autonomie der Haushalte extrem begünstigt wird. Nach Jahren völliger Unsicherheit wird nun ein neuer Ton angeschlagen. Jeder kann nun in den Genuß eines besseren Lebens gelangen, vorausgesetzt, er verdient sich seine Wohnung, indem er sich auf Dauer in ihr einrichtet.

Der Mittelflur läßt die Entfernung zwischen den jeweiligen Wohnungsenden anwachsen. Am größten ist sie zwischen der Küche und dem Elternschlafzimmer. Direkte visuelle Beziehungen verschwinden. Sämtliche Räume wie noch bei der einfachen Flucht mit einem Blick zu durchmessen, ist nicht mehr möglich. Ein Phänomen der *Ubiquität* setzt sich durch. Zu jeder neuen Arbeit, zu jeder neuen Tageszeit hat man sich von einem Zimmer in ein anderes zu begeben. Auch in den eigenen vier Wänden hat sich der Bewohner einer gewissen Arbeitsteilung zu unterziehen. Der Wohnmaßstab wird größer und verändert die Beziehungen der Menschen zueinander. Der wachsenden Distanz entspricht eine wachsende Privatisierung der Räume. Ob er will oder nicht, der Bewohner ist in jedem Fall zum Bleiben gezwungen.

Aus der Tatsache, daß das Vorzimmer das Zentrum, nicht aber das Herz der Wohnung verkörpert, erwächst eine gewisse Ambiguität. „Der Raum benötigt einen Mittelpunkt, einen Fixpunkt von vorrangiger Bedeutung, von dem aus sich qualitativ verschiedene Richtungen abstecken und festlegen lassen; gleichzeitig präsentiert er sich aber auch als ein Ort der Bewegung,

der die Möglichkeit des Durchgangs und des Übergangs von irgendeinem beliebigen Punkt zu irgendeinem anderen einschließt."[73] Diese zweifache Bestimmung als Ausgangspunkt und Ort des Übergangs zeugt von dem bisweilen konfliktvollen Charakter des Flurs, der zugleich Orientierungshilfe, Versammlungsort und Überwachungszentrale ist.
Es gibt zu wenig Zeugnisse, die über die Rolle des Vorzimmers als eines stummen Komplizen dessen, was sich in ihm ereignete, berichten könnten. Was sich im neutralen Raum des Vestibüls ereignete, ist nicht spektakulär genug, um die Aufmerksamkeit nachhaltig auf sich zu lenken. Das scheint bereits aus der elementaren Raumordnung ohne weiteres hervorzugehen. Aufenthalte, Ruhepausen, Bindungen sind darin kaum noch möglich, es lädt nicht einmal dazu ein. Man begibt sich in das Vorzimmer nur mit der Absicht, es schnell wieder zu verlassen. Das Bild, das man sich von ihm macht, entspricht eher dem Augenblick eines flüchtigen Durchgangs als der Zeit des Aufenthalts in einem eigentlichen Raum. Man kann hinzufügen, daß das Vestibül als Wohnungsemblem fungiert. Von seiner Enge schließt man vorschnell auf die der ganzen Wohnung, wie umgekehrt von dessen Weitläufigkeit auf ihren großzügigen Schnitt.
Überdies kündet das mittlere Vorzimmer von einem Wandel in den familiären Beziehungen durch die Verstärkung der häuslichen Intimität. Diese entscheidende Neuorientierung ist nicht nur Unterpfand einer neuen familiären Seßhaftigkeit, sie hat auch zur Folge, daß die Bewohner je nach Belieben zusammenkommen oder sich zurückziehen können. Das Vestibül hat in dieser Hinsicht zugleich Vermittlungs- und Schutzfunktion. Einmal mehr bestätigt die unmittelbare Entsprechung zwischen der Raumgestaltung der Wohnung und der Entwicklung des familiären Zusammenwohnens die zunehmende Verbürgerlichung der proletarischen Lebensgewohnheiten.

Einheitlichkeit und Vielfalt der Wohnungen

Trotz der optimistischen Prognosen der Wohnungsreformer trägt die Einführung des Massenwohnens in den Industriemetropolen um 1850 ebensowenig zu einer sofortigen Entspannung des Bevölkerungsproblems wie zu einem schnellen Anstieg des häuslichen Komforts bei. Die gleichbleibend hohe Übervölkerungsrate verhindert jede Distanz zwischen den Individuen. Die Familien leben auf zu engem Raum, so daß die dem Einzelnen zur Verfügung stehende Grundfläche unterhalb der gesundheitspolizeilich vorgeschriebenen Normen bleibt.

In den Augen der Stadtplaner scheint dagegen der von ihnen prophezeite Fortschritt allmählich Wirklichkeit zu werden. Die häuslichen Konflikte und Streitigkeiten werden ins Wohnungsinnere verlegt. Die Stockwerke gleichen nicht mehr konfusen Lagerstätten wild wohnender Bevölkerungsschichten. Seit der Kasernierung der Arbeiterklasse ist das Wohnen in der Familie zur allgemeinen Regel geworden.
Die Überwachung des Privatlebens vollzieht sich damit in Form einer Art Hausarrest. Doch auch durch seine strikte Verbannung ins Wohnungsinnere ist das Problem der Übervölkerung nicht weniger dringlich.
Bereits eine kurze Behandlung der tatsächlichen Wohnverhältnisse macht deutlich, welchen Kampf jeder Bewohner zur Sicherung und Verteidigung des für ihn notwendigen Lebensraumes führt. In den kleinen von kinderreichen Familien bewohnten Zweizimmerwohnungen kommt jeder Person eine Grundfläche von durchschnittlich fünf bis sechs Quadratmetern zu. Dieser Umstand sowie die Vereinheitlichung der Lebensgewohnheiten machen Absprachen über die Durchführung der häuslichen Arbeiten erforderlich. Eine Art scheinbarer Choreographie regelt die Verschiebungen und Aufteilungen des Lebensraums gemäß einem vorher festgelegten Ritual. Darüber hinaus geht die tägliche Aneignung der Wohnung durch die einzelnen Familienmitglieder mit einer Expropriation oder Enteignung der Abwesenden und Schwächeren einher. Diese Bilder vom Kampf um den Raum scheinen wenig zu tun zu haben mit jenen wohlbekannten Tafelbildern vom friedlichen Familienabend am offenen Kamin, die eine Atmosphäre von Sorglosigkeit und Wohlstand ausstrahlen. Im übrigen sind Gewalt und Frieden innerhalb der Arbeiterwohnungen unzertrennliche und komplementäre Momente.
Noch zu Beginn des 19. Jahrhunderts bleibt die Nutzung der Arbeiterwohnung im großen und ganzen auf die Alternative des Zutisch- oder Zubettgehens beschränkt. Das Zusammenwohnen wird von einem Prinzip des Simultanhandelns beherrscht, was für den Einzelnen heißt, sich in die gemeinsamen häuslichen Praktiken zu fügen. Der 1848 in Glasgow entwickelte Plan einer einfachen Einzimmerwohnung veranschaulicht deutlich die Umstände des häuslichen Zusammenlebens.[74] Nachts werden die neuen Familienmitglieder folgendermaßen untergebracht: Der Vater, die Mutter, ein Baby und zwei Mädchen teilen sich einen Alkoven; drei Jungen eine Couch; ein junges Mädchen schläft auf einer Matratze auf dem Boden. Das ungefähr 13 qm große Zimmer ist außerdem noch mit einem Tisch, einer Kommode, einem Schrank und verschiedenen Stühlen vollgestellt. Wasserrinnsale an der Decke halten auch den Fußboden feucht und erschweren damit dessen Benutzung. Abends vor dem Zubettgehen muß das Nachtlager

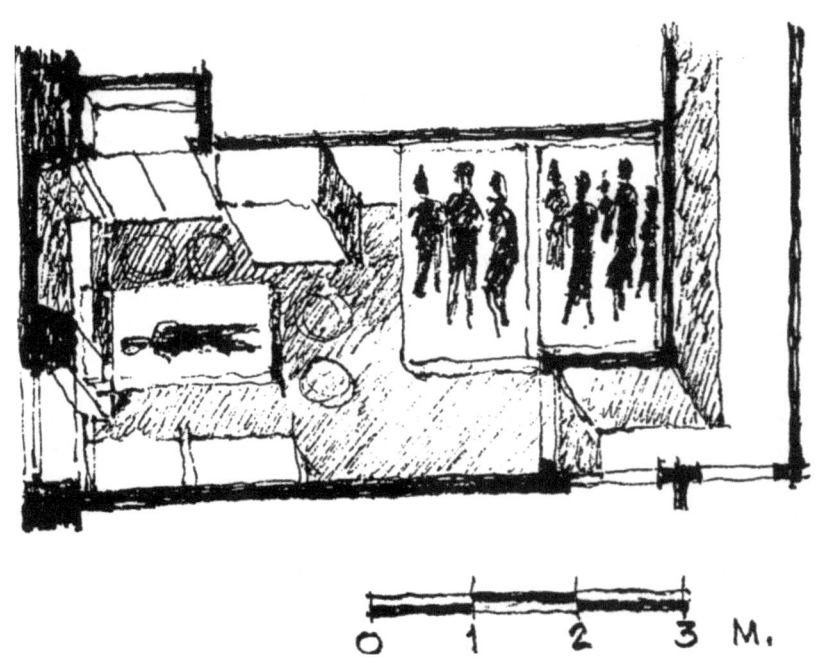

Glasgow. Ansicht von oben auf eine überbelegte Wohnung, festgehalten 1848

bereitet werden, morgens werden die Möbel wieder umgestellt und für den Tag hergerichtet. Schlafpritschen werden aus Gründen der Platzersparnis wieder verstaut. Zu kleine Wohnungen dieser Art erfordern von ihren Bewohnern Raumnutzungsabkommen, die entsprechend der starken Geburtenrate der Haushalte zunehmend schwieriger werden. Jedes Individium hat die Pflicht, sich einem strikten Zeitplan, der die häuslichen Gepflogenheiten regelt, zu unterwerfen.

Auch wenn uns keine Chroniken zur Verfügung stehen, vermag doch eine gleichsam archäologische Rekonstruktion der Wohnformen innerhalb der Arbeiterwohnungen des 19. Jahrhunderts zu zeigen, daß Aufteilungsformen, die dem Einzelnen einen gewissen Raumanteil sichern, wegen der geringen Wohnflächen nicht realisierbar sind. Nicht einmal ein Schlupfwinkel ist ihm in jedem Fall sicher. Die Verwurzelung der Familien mit ihren Unterkünften gestaltet sich entsprechend schwierig. Angesichts der Raumknappheit erreichen territoriale Kämpfe extrem gewaltsame Formen. Allerdings kauern sich die Streithähne nach solchen Ausbrüchen in der Regel wieder zusammen, und im Innern der wieder friedlichen Wohnstätte ersteht die familiäre Einheit von neuem. Während dieser Gefechtspausen vollzieht sich eine Art wohligen *„Einrollens" (involution)* der Familien in die eigenen vier Wände. Es handelt sich also um eine Art von „Domestizierung", die besonders in der häufig reproduzierten Szene des Abendessens, dem wichtigsten Anlaß für familiäre Zusammenkünfte, zum Ausdruck kommt.

Es ist nicht leicht, den Erlebnishorizont der von ständiger Raumnot bedrängten Hausbewohner abzustecken. Gewisse Übereinkünfte, die zwangsläufig stattgefunden haben müssen, entziehen sich unserem Blick. Es scheint, daß die Bewohner in ihren Wohnungen eine Art unauflösliches Ganzes sehen, das die Bedeutung eines Refugiums annimmt. Doch sind die Wohnungen immer noch zu stark belegt, als daß sie gleichzeitig die Einheit der Familie und die Unabhängigkeit des Einzelnen garantieren könnten. Erst mit der integralen Umgestaltung des Wohnungsgrundrisses wird eine Versöhnung von Persönlichem und Familiärem im Innern ein und derselben Wohnung möglich. Diese Veränderung konstituiert einen Besuch in den Lebensformen der Haushalte, die von nun an von zu großer Nähe befreit sind.

Mit den Umgestaltungen des Wohnungsbaus wird die Trennung zwischen dem Wohnungsinneren und der Außenwelt schärfer. Das Gefühl, daheim zu sein, gewinnt durch die Möglichkeit, sich in einer Art Sicherheitszone zu *verschanzen,* an Bedeutung. Durch den Schutz vor äußerer Bedrohung erlangt die häusliche Abgeschiedenheit eine gewisse Exklusivität. Die Komplexität der Wohnfunktionen spiegelt sich in der Grundrißgestaltung. Für ihre Inhaber ist die Wohnung häufig der einzige Erfahrungsbereich sowie der einzige Ort, an dem sie sich legitimerweise aufhalten können. Die zunehmende Stärkung häuslicher Autonomie und häuslichen Komforts am Ende des 19. und zu Beginn des 20. Jahrhunderts läßt neue Bilder des Wohnens entstehen. Die einzelne Wohnung ist nicht mehr so unmittelbar abhängig von der Straße und ihrer Nachbarschaft; hinsichtlich ihrer Rolle und ihrer Kohärenz erfährt sie eine Neudefinition. Diese bezieht sich besonders auf die Stunden zwischen dem Abendessen und dem Zubettgehen, wo man eine Möglichkeit findet, den Tagesablauf „anzuhalten"; darüber hinaus bezieht sie sich auf spontan gesammelte Bilder und gespeicherte Erinnerungen und schließlich auf die Beobachterperspektive des Bewohners gegenüber der Außenwelt, wodurch es ihm möglich wird, das ganze Blickfeld von einem Punkt aus zu umspannen. Durch diese privilegierte Position erhält er für wenige Augenblicke die Illusion, Mittelpunkt der Welt zu sein.

Den verschiedenen Betrachtungen des Zuhause korrespondieren notwendigerweise unterschiedliche Formen des Zuhauseseins. Man erlebt die Wohnung in starkem Maße als Ort materieller Restriktionen und pragmatischer Übereinkünfte. Man erlebt sie zugleich als eine Summe von vertrauten Schlupfwinkeln, kleinen Gesten und der verflossenen Zeit. Die ununterbrochene Kumulation scheinbar unbedeutender Gesten, die alle jedoch spezifische Auswirkungen haben, trägt zur Familiarisierung der Wohnung bei. „Der Raum grenzt dabei an die verdichtete Zeit."[75] Für Augenblicke tritt die Einheit der Wohnung plötzlich offen zutage, und alle Bestrebungen nach räumlicher Fraktionierung werden zurückgedrängt. Zuweilen steht ein spezifischer Teil der Wohnung für das Ganze. Der Erlebnisgehalt (vécu) des Wohnens läßt sich kaum mit einem vielsagenden und doch vereinfachten Aufzeichnungsverfahren übertragen, solange die Wohnungsbilder komplex, d. h. verworren sind.

Weniger kosmisch als das ländliche Haus erzeugt die auf einem Stockwerk gelegene städtische Mietswohnung doch auch einen eigentümlichen Erlebnisgehalt: Einen „Körper aus Bildern, der dem Menschen Gründe und Illusionen der Beständigkeit vermittelt".[76] Wie mangelhaft auch immer die Wohnung-Unterkunft ist, für ihre Bewohner hat sie die Bedeutung eines Königreichs und eines Refugiums. Verschwendung auf der einen Seite, Ungewißheit auf der anderen: Schutz und Zufluchtsort wie die Höhle für das Tier, ist sie zugleich ein Stützpunkt, um sich mit der Außenwelt zu messen; sie dient einer Bewegung, die abwechselnd Rückzug nach innen oder Aufbruch nach draußen sein kann. Durch die tägliche Gewöhnung werden diese Gegensätze deutlicher spürbar und auch unerläßlich. In ihren begrenzten Ausmaßen ist die Etagenwohnung auf ihre Weise zugleich Haus und

Universum, auch wenn das Zusammenwachsen mit der Nachbarschaft des gleichen Stockwerks dazu beiträgt, daß ihr geographischer Ort und ihre Bindung an die Stadt abstrakter wird.

Die phänomenologische Beschwörung individueller Erlebnisdimensionen des Wohnens ist für eine Analyse der kollektiven Wohnpraktiken von komplementärer Bedeutung. Die Übertragung der häuslichen „Tugenden" in eine *Poetik des bewohnten Raumes* mag wie eine intellektuelle Laune erscheinen; doch liefert sie entscheidende Hinweise, um die verborgenen Seiten des Wohnens zu erschließen. Andererseits könnte man hinter dieser Geschichte des bewohnten Raumes ein klassenkämpferisches Manöver vermuten, die Absicht, die positiven Umstände der Arbeiterkasernierung aufzuwerten und ihre repressiven Seiten abzuschwächen; vielleicht auch den Wunsch, durch Verbreitung von Familiengeschichten, in denen immer wieder das Zufriedensein mit Wenigem und die Freude an den kleinen Dingen angepriesen wird, die Entfremdung zwischen den Bewohnern zu bagatellisieren.

Sicherlich könnte man in der Durchsetzung einer solchen Form von häuslicher Kultur den Versuch der Herrschaftsausübung einer Klasse über eine andere erkennen. Doch würde diese Feststellung nur besagen, daß die sozial schwächer gestellten Gruppen, trotz ihrer eingeschränkten Existenzgrundlagen, keine bewußte Beziehung zu ihrer Wohnungssituation entwickelt haben. Dabei scheint es jedoch, daß eines der wenigen Privilegien, das man ihnen nicht entziehen konnte, gerade in diesem Erleben der häuslichen Umgebung bestand, das ungeachtet verschiedener Rückschläge zunehmend reicher wurde. Das hieße aber, daß man es hier mit einer Kultur der Wohnung oder des Interieurs zu tun hätte, der man besondere Aufmerksamkeit widmen müßte.

4 Das Wohnerleben

Es ist nun an der Zeit, die Darstellung auf einen besonderen Aspekt einzugrenzen. Versucht werden soll, die Auswirkungen des Wohnens auf den Menschen besser zu verstehen, d. h., jene spezifische Beziehungen zu analysieren, die der Bewohner zu seiner vertrauten Umgebung unterhält. Wenn das Bild der Theaterbühne auch gelegentlich ein Schlüssel sein kann, um die Episoden des häuslichen Lebens schematisch zu veranschaulichen, so vermag es doch nicht über intimere Formen der Raumnutzung Auskunft zu geben. Über sie gibt es ebensowenig Zeugnisse wie über jene winzigen und quasi unsagbaren Eigentümlichkeiten der Wohnsituation, die zu einer Bereicherung des alltäglichen Lebens beitragen.

Die Verarbeitung des Raumerlebens hängt offenbar zu einem großen Teil von jener Sicherheit ab, die der Bewohner aus dem regel- und reihenmäßigen Nebeneinander der bewohnten Räume zieht. Ein Vertrauensverhältnis bleibt nicht ohne gewisse Spuren. Innerhalb der häuslichen Mikrogeographie können kleinste Veränderungen der Belichtung, der Temperatur oder der Lautstärke eine entscheidende Rolle spielen. Durch sie erhält die Beziehung der Menschen zum Raum ein besonderes Profil. Ohne Frage wirkt sich die persönliche Einrichtung und Ausgestaltung des eigenen Lebensausschnittes (anstelle seiner integralen Gestaltung im Rahmen eines Gesamtkonzeptes) umgekehrt wieder auf die Bewohner aus. Sie trägt zu einer Strukturierung ihres Alltagslebens bei und hält sie zu regelmäßigen Verrichtungen an.

Der kosmische Charakter der Wohnung

Auch wenn ein Gewöhnungsprozeß stattfindet, erhalten sich die Bewohner eine gewisse Sensibilität für die Verschiedenartigkeit der sie umgebenden Raumwirkungen und Stimmungen. Die häuslichen Aktivitäten sind in der Regel auf verschiedene Bereiche der Wohnung aufgeteilt, wobei die Trennung von vorderem und hinterem Bereich von besonderer Bedeutung ist. So scheint die rote Glut, in die die Morgensonne die Ostfassade eintauchen läßt, allgemein eine belebende Wirkung zu besitzen, wohingegen das Halbdunkel auf der anderen Seite alles überschattet. Später, im Laufe des Tages kehrt sich dieses Verhältnis um. Zwischen den gegenüberliegenden, aber komplementären Bereichen der Wohnung besteht eine ganze Tonleiter fein abgestimmter Zwischentöne, die von fiebriger Lebendigkeit bis zu totaler Trägheit reichen. Es sind diese Zwischentöne, die dem Raum zuweilen unerwartet das „Wort erteilen" können.

Die Qualität einer Wohnung bemißt sich in erster Linie an den Beziehungsreihen *Licht-Wärme-Leben* und *Schatten-Kälte-Lieblosigkeit*. Die Wohnungen besitzen zahlreiche Milieuwerte, die in verschiedenen Kombinationen auftreten. Die Gesten und Verhaltensformen der Bewohner sind deutlich an zeitliche Faktoren gebunden: Zwischen den Tageszeiten und den sukzessive eingenommenen Körperhaltungen stellen sich quasi automatische Entsprechungen ein. Es entsteht eine Art Vertrautheit, die das Verhalten der Menschen beeinflußt und ihre Möglichkeiten eingrenzt.

Die mit dem Wohnen verbundenen Raumerfahrungen konstituieren ein komplexes System, wobei sich eine funktionale Aufteilung der Wohnung erst allmählich herausbildet. Ihre einzelnen Teile verfügen über unterschiedliche Grade von Attraktivität. So hat die Nähe der Fenster und der Nachbarn eine starke Anziehungskraft, wohingegen der Flur die Bewohner kaum zum Bleiben bewegen kann. Der Kamin wiederum lädt ein, sich zurückzuziehen. Als Phänomen der *Schematisierung* soll jene Tendenz bezeichnet werden, die die Menschen bei ihren häuslichen Verrichtungen immer wieder die gleichen Haltungen und Positionen einnehmen läßt. So wählt die Hausfrau für die Zubereitung der Mahlzeiten einen Ort, der verschiedene Vorzüge vereint: Ausreichendes Licht, leichte Beaufsichtigung der Kinder, bequeme Handgriffe. Damit hat sie sich aber bereits einem für sie charakteristischen Achsenkreuz eingeschrieben. Sie strukturiert den sie umgebenden Raum durch Anwendung bestimmter Nutzungsregeln. Durch die tägliche Gewohnheit nehmen ihre Tätigkeiten allmählich festere Züge an. Auf diese Weise wird der häusliche Raum allmählich zum Helfer in einem Spiel gewohnheitsmäßiger Verrichtungen.

Man könnte das Interieur der Wohnung somit als Ort gemeinsam erlebter Situationen, Augenblicke und Positionen beschreiben. Durch die sorgfältig geplante Umgestaltung der häuslichen Kulisse erhält das Prinzip der Schematisierung festere Gestalt. Es dient der allgemeinen Orientierung und fixiert Haltungen und Gesten der Körper abhängig von der inneren Morphologie und der äußeren Geographie. Beispielsweise ist der Weg von der Küche zum Schlafzimmer, der quer durch die ganze Wohnung verläuft, zugleich eine Verbindung zwischen der Straßen- und der Hofseite. In einem

Satz umfaßt die häusliche Schematisierung: die Orientierung im Raum, das Gefühl, zu Hause zu sein, sowie das Verhältnis der Menschen zueinander. Die Anerkennung eines solchen Kodes ist sogar eine Bedingung für die Anpassung an den Wohnraum. Eine Situation herzlicher (kardinaler) Vertrautheit ergibt sich also prinzipiell aus all diesen spezifischen Formen, über die eigene Wohnung zu verfügen. Die Menschen erhalten die Möglichkeit, jederzeit auf etwas ihnen Bekanntes zurückzugreifen, wie es im folgenden Zitat beschrieben wird: „Wenn ich häufig in die gleichen Städte und an die gleichen Orte zurückkehrte, so um tages- oder jahreszeitliche Veränderungen zu erleben, die sich an vertrauten Linien deutlicher wahrnehmen lassen."[77] Als Träger der Emotionalität par excellence ist der Raum niemals neutral oder indifferent. Im Gegenteil verleiht er denen, die sich an ihn gewöhnt haben, unumstößliche Privilegien mit zahlreichen Konnotationen. Durch den Gewöhnungsprozeß treten Bedeutungen, die an die bewohnten Orte geknüpft sind, deutlicher hervor. Sie erhalten einen Zug von Evidenz, der verhindert, daß man ihre Realität immer wieder in Frage stellt.

Die emotionale Funktion der Wohnung besteht vor allem darin, ihren Bewohnern ein regelrechtes Universum zu bieten. Sie ist Ausgangs- und Endpunkt vielschichtiger alltäglicher Forschungsreisen, ein Ort, an dem man seine freie Zeit (frei von der Arbeit und anderen Zwängen) verbringt. Durch diese Rollenzuweisung erlangen die einzelnen Zimmer charakteristische Bedeutungen, ohne indes den willkommenen Eindruck der Einheitlichkeit der Wohnung zu zerschlagen. Zugleich Einheit und Vielheit bietet die Wohnung ihren Bewohnern ein Bild der Ruhe.

In literarischen Beschreibungen erhält das Zimmer vor allem globale und universelle Züge. Komplize seiner einsamen und geduldigen Arbeit, ist es für den Schriftsteller „ruhig und klein", ja sogar „ruhig und friedlich". Präziser heißt es bisweilen, daß „es sich ruhig verhält."[78] Dieser Charakter einer abgeschwächten Totalität, den die Kammer unter der Feder des Poeten annimmt, enthüllt Ausmaße und Grenzen einer persönlichen Welt, in der ein Subjekt zugleich – und zwar in einem einzigen Raum – lebt, arbeitet und ruht. Zweifellos handelt es sich hierbei um einen Extremfall, doch eignet er sich gerade deshalb ausgezeichnet für eine Analyse.

Auf den ersten Blick zeigen miniaturisierende Beschreibungen die Verwandtschaft des Zimmers mit einem *Mikrokosmos*. Diese Fühlbarkeit des Zimmer-Universums rührt ebenso von der Exklusivität seiner Benutzung wie von der stetigen Präsenz vertrauter Gegenstände. Der Fluß der Zeit läßt sich darin genießen wie ein „Dialog mit leiser Stimme zwischen den Stunden des Tages und der Ewigkeit".[79] Häufig berufen sich diese Schilderungen auf das Privileg der Bewohner, alles „in der Hand zu haben" und alleinige Inhaber von Erinnerungen zu sein, die sich alle einem einzigen Ort verdanken.

Die Wohnungen weisen Gemeinsamkeiten mit jenen herrschaftlichen Gärten auf, deren Entwurf den virtuellen Einschluß aller Zeiten und aller Orte im Innern ein und desselben Umkreises vorsieht. Das Beispiel der „Wüste von Retz", die um 1770 in der Nähe von Paris angelegt wurde, macht die Bemühungen um die Erschaffung einer künstlichen Welt voller Sensationen in pflanzlicher und mineralischer Gestalt deutlich. Die unmittelbare Annäherung der Gegensätze repräsentiert in gewisser Weise die Welt im Kleinen. Lodernde Laubornamente wechseln ab mit spitzen Baumschäften, steile Abhänge folgen auf weitgedehnte Ebenen. Die visuellen Gegensätze bereichern und ergänzen sich zu einem glücklichen Bild, zu einem Quell des Friedens. Im Kleinen gibt sich flüchtig eine Welt zu erkennen, die durch das Wuchern ihrer Botschaften erstaunt und verführt.

Die Anspielung auf jene Gärten vermag jedoch nicht den *kosmischen* Charakter des Zimmers und der Wohnung zu reflektieren. Sie erinnert lediglich an die Künstlichkeit eines Blicks, in dessen Ausschnitt bereits alles vereint sein soll. Die mikrokosmische Repräsentation der Wohnungen ist in ihrem visuellen Eindruck nicht so stark wie die der Gärten. Es ist kaum möglich, von der individuellen Gestaltung der Zimmer zu abstrahieren. Der kosmische Charakter der Wohnungen offenbart sich weniger in ihren Gestaltungsformen als in ihrem einzigartigen Vermögen, ganz persönliche Bedeutungen wie eine Art Fernsehtruhe aufzubewahren. Er gibt sich demnach nicht notwendigerweise zu erkennen, seine Botschaften sind nur wenigen Eingeweihten zugänglich. Nicht der Raum der Wohnung selbst nimmt kosmische Züge an, als vielmehr die darin wirksame Art der Raumstrukturierung. Eine unbestimmte Gewißheit bemächtigt sich der Bewohner und versichert sie des unerschöpflichen und von der Vorsehung bestimmten Gepräges jenes einzigen Ortes, mit dem sie umfassende Kenntnisse und Erfahrungen verbinden: ihrer eigenen Wohnung.

Geben die Menschen ihren Behausungen spezifische Werte, so werden andererseits „Schutz und Widerstandskraft des Hauses in menschliche Werte umgesetzt".[80] Zahlreichen Schilderungen zufolge hat das Haus bei unfreundlicher Witterung, vor allem bei Sturm, einen Existenzkampf durchzustehen. Kann es sich gegen den Sturm behaupten, so folgt eine Zeit des Friedens, die die während des Kampfes erlittenen Beschädigungen und Verluste in gewisser Weise kompensiert. Fraglos sind die Menschen auf dem Lande mit ihren über Generationen vererbten Häusern tiefer verbunden als die Städter mit ihren Wohnungen, doch bieten sie auch ihnen eine solide

Grundlage. Ob im Erdgeschoß oder in den oberen Stockwerken: Im Laufe der Zeit wecken sie bei ihren Bewohnern Sicherheitsgefühle, die alle Zweifel und Ungewißheiten aus dem Weg räumen. Diese Veredelung der Unterkünfte durch die Zeit hat ihrerseits Anteil an ihrem kosmischen Charakter.

Obwohl in den Abhandlungen zum Wohnungsproblem nahezu bedeutungslos, scheint das Bewußtsein um ihren erschließenden und um ihren kosmischen Charakter einen wesentlichen Platz im Erlebnisraum der Wohnung anzunehmen. Eine Art geheimen Einverständnisses, das die immer zurückgezogener lebenden Bewohner über Generationen zu ihren Behausungen entwickeln, entschädigt in unterschiedlichem Maße für die Fragilität ihrer Existenzbedingungen, indem es die Bindung an den häuslichen Herd verstärkt. Die Entwicklung des Massenwohnungsbaus vermag den Mieter jedoch nicht vor der latenten Gefahr zu bewahren, auf die Straße gesetzt und damit eines ganzen Lebensbereiches beraubt zu werden, dessen tatsächlichen Wert wahrscheinlich niemand ermessen wird.

Die häusliche Intimität

Die massive Ausdehnung des Kollektivwohnungsbaus gegen Ende des 19. Jahrhunderts fördert die häusliche Autonomie der Familien. Eine Hausordnung am Eingang der Gebäude enthält eine Liste von Pflichten, die die Mieter zu erfüllen haben. Sie wirkt wie eine beständige Kündigungsdrohung. Die den Familien zu Hause eingeräumte Unabhängigkeit geht mit einer neuen sozialen Verpflichtung einher, der einer Weihung ihrer Privatunterkunft innerhalb bestimmter Grenzen – Grenzen, die von nun an einen sakralen Charakter annehmen.

Die individuelle Wohnzelle mausert sich damit zum eigenen Hoheitsgebiet, das seine Bewohner dauerhaft binden soll. Bei dieser Umgestaltung werden die „Außenwände" (l'enveloppe des murs) zunehmend dichter und standfester gegenüber Eingriffen von außen. Die Herrschaft über die Wohnräume, ein Privileg, das traditionell der Frau zukam, wird nun auf die ganze Familie ausgeweitet.[81] Einem Rückzug in die Innerlichkeit folgend, zentrieren sich die Lebensgewohnheiten wieder um den häuslichen Herd. Abendliche Zusammenkünfte aller Familienmitglieder, die tagsüber verschiedenen Arbeiten außer Haus nachgehen, weisen der Wohnung eine einheitsstiftende Funktion zu. Die Räumlichkeiten der Wohnung befriedigen das Bedürfnis nach Geborgenheit und individuellem Glück, womit sie aber zugleich eine starke Abhängigkeit von der familiären Heimstatt erzeugen.

Die Tendenz zur Seßhaftwerdung hat ihr Vorbild in den Wohnpraktiken der Reichen. Die Aufwertung der individuellen Wohnsituation führt dazu, daß die Menschen einen gemäßigten Lebenswandel anstreben, was in der Ausschmückung und im Abdichten der Zimmer zum Ausdruck kommt. Ein Innerlichkeitskult wird als Gesellschaftsideal angepriesen. Und das Recht, sich mit der eigenen Wohnstätte stärker zu identifizieren, wird nun auch den Arbeitern zugestanden. Die Verbesserung der Wohnbedingungen, der Wunsch nach einem „besseren Leben", impliziert die Einhaltung von Regeln, die indirekt durch die herrschenden Klassen aufgestellt wurden.

Die häusliche Intimität verbündet sich mit einer Art Schamhaftigkeit, wie man sie von traditionellen Körperpflegepraktiken kennt, wo alle Nacktheit im Verborgenen bleiben mußte. Um den Herd entsteht eine Art Geheimnis, vergleichbar dem Schweigen in der Kirche rund um den Beichtstuhl. Die traditionelle gesellschaftliche Zurückhaltung bekommt eine zusätzliche Dimension: Räumliche Distanzen nehmen die Beziehung der bis dahin vorherrschenden Nähe unter Menschen ein. An jeden ergeht der stillschweigende Rat, im Umgang mit anderen, auch mit den nächsten Verwandten auf der Hut zu sein.

Als Begegnungsstätte zwischen Persönlichem und Familiärem sieht man in der einzelnen Wohnung einen unerschöpflichen Quell von Wohltaten, die ihre Inhaber für die draußen erlebten Frustrationen entschädigen soll. Die häusliche Intimität gilt keineswegs nur als ein Trostpflaster für eine Wohnsituation voller Angst und Schrecken, sie wird als Verhaltensideal propagiert, als Mittel für ein „schöner Wohnen". In Grenzfällen nimmt sie die Form eines gesellschaftlichen Zwangs an, der dazu anhält, die Verhaltensweisen an beispielhaften Modellen auszurichten, d. h. sie wird in gewisser Weise zu jener „Funktionsordnung, die den häuslichen Wohnraum in ein streng funktionales Flächensystem einbindet, das die Aufteilung und die Nutzung der Flächen zugleich normiert, sowie zu einer Beziehungsordnung, die die Körper auf- und verteilt .. ".[82]

In der Literatur und in der Malerei des 19. Jahrhunderts wird die Intimität als Haustugend par excellence gefeiert. Die häufig heraufbeschworene gewollte Intimität drückt sich entsprechend einer antinomischen Ordnung in der Annäherung der Personen und ihrer Isolierung aus. Die gesamte Raumsituation der Wohnung scheint an der Opposition dieser beiden Extreme mit ihren jeweiligen Ansprüchen ausgerichtet. Das deutsche Wort „Gemütlichkeit"* (das zugleich Bequemlichkeit, Wohlbefinden und Familiarität be-

---

* Dt. im Original, A.d.Verl.

deutet), läßt sich ziemlich genau mit *geteilter Intimität (intimité partagée)* übersetzen. Die enge Bindung des Familienlebens an den räumlichen Rahmen vollzieht sich in der Atmosphäre einer Art kollektiver Ergriffenheit. Die Lebendigkeit der Wohnsituation drückt sich in erster Linie in der „Stimmung"* aus. Enge Zusammenkünfte in kleinen Räumen, gemeinsame Mahlzeiten oder Abende am Kamin sind Momente, die ein Klima der Intimität vermitteln sollen. Man kommt bei diskreter Beleuchtung zusammen, damit zwischen den Anwesenden sogleich ein Gefühl von Einigkeit entsteht. Durch den Glanz seines Dekors scheint der Raum gemeinsame Hoffnungen zu wecken und zu erfüllen. Er intensiviert die Gewißheit eines engen gemeinschaftlichen Erlebens. Die Individuen in ihren Erwartungen zumindest zeitweilig zu einer solidarischen Gemeinschaft zu verschmelzen: darin besteht die Funktion der Intimität.

Vor allem innerhalb derselben sozialen Gruppen bilden die Zeichen häuslicher Intimität einen kohärenten Zusammenhang. Um die Bedeutung der Zusammenkünfte zu erhöhen und um zwischen den Beteiligten von vornherein einen gewissen Kontakt herzustellen, muß der räumliche Rahmen gewisse Bedingungen erfüllen. Gegenstände, soweit sie dem Blick aller ausgesetzt sind, fungieren zugleich als Mittel und Komplizen der Festivität. Rustikales Dekor, roh in seinen Materialien und natürlich in den Farben, weckt Gefühle der Authentizität und signalisiert eine Art Rückkehr zum Essentiellen. Andererseits wirkt sich ein wechselndes Spiel von Formen und Farben förderlich auf die Intimität der Beziehungen aus. Darüber hinaus lassen sich verschiedene Arten des Dekors miteinander kombinieren. Eine geschickte Dosierung der symbolischen Zeichen wirkt anregend und vergrößert das Gefühl der Nähe zwischen den Gästen. Der häusliche Rahmen wird zum Träger intimer Regungen schlechthin. Sie manifestieren sich bald in überschwenglichem Dekor, dann wieder in einer Schlichtheit, die wenige herausragende Momente betont. Beide Einrichtungsformen (ornamentaler Überschwang und eine gewisse Nacktheit des Interieurs) bleiben jedoch nebeneinander bestehen und ergänzen sich gegenseitig.

Die „intimité partagée" ist von der *Intimität des Einzelnen (intimité solitaire)*, verschieden. Diese erscheint wie ein Rückzugsmanöver, für das es unterschiedliche Vorwände gibt: Arbeit, Hygiene, Ruhe. Der Rückzug aufs eigene Ich vollzieht sich in einer Abgeschiedenheit, für die minimale Raumverhältnisse ausreichend sind: Kleine Zimmer oder enge Schlupfwinkel, die zur Besinnung einladen. Man ist allgemein bemüht, sich vor fiktiven

---

* Dt. im Oritinal, A.d.Verl.

Feinden in Sicherheit zu bringen, und bedarf dazu einer Intimität, die sich nur in jener Atmosphäre quasi zeitloser Ruhe, wie sie hinter dicken Mauern entsteht, leben läßt. Verlangsamung, Verzögerung und Fixierung erweisen sich als förderliche Bedingungen für das Aufblühen dieser einsamen Intimität.

Ein Hang zum Träumen und die Sehnsucht nach Abgeschiedenheit und Ruhe gehen oftmals mit der Suche nach intimen Schlupfwinkeln zusammen. Stille und Verborgenheit gewähren dem Einsamen Schutz. Aus der unmittelbaren Berührung mit der freien Natur schöpft er die Hoffnung auf einen Frieden, wie er den Beschreibungen von Dichtern und Romanciers zufolge im Unterholz und im Laubwerk der Bäume zu finden ist. Als Refugium für den Menschen ist der Wald ein Schlüsselbild für Intimität. Zeitweilig vermögen die natürlichen Asyle über die Aggressionen der Welt hinwegzutrösten. In ihren schützenden Hohlräumen findet der Einsame die Bedingungen eines „Außen" und eines „Anderen", die seine Wiedergeburt begünstigen.

Das deutsche Wort „Ruhe"* ist verwandt mit „Schweigen"* und „Stille"*. Ruhe, Schweigen und Stille bezeichnen einen Punkt tiefsten Friedens und werden daher sogleich mit den Orten der Intimität des Einzelnen in Zusammenhang gebracht. Die Abhängigkeit des Bewohners von der Umgebung, in die er sich geflüchtet hat, nimmt die Gestalt einer Verschwörung an. Wer sie, und sei es auch nur zeitweise, als Unterschlupf gewählt hat, wähnt sich ihrer Unterstützung gewiß. Zwischen den gastfreundlichen, von Menschenhand erbauten Schlupfwinkeln und den natürlichen Räumen besteht eine gewisse Übereinstimmung hinsichtlich ihres Maßstabs im Verhältnis zu den Individuen.

Bei näherem Hinsehen ist die Geographie des Intimen nicht so grundlegend, wie sie auf den ersten Blick erscheint. Sie ist abhängig von der Hülle, die der umgebende Raum besitzt, ebenso wie von der Gegenwart vertrauter Gegenstände, die Erinnerungen an Vergangenes heraufbeschwören. Der intime Raum bedarf einer gewissen Künstlichkeit und eines Glanzes, der sein Interieur weicher und gefälliger erscheinen läßt. Schlichtheit in den Formen und im Dekor wirkt sich in der Regel günstig auf Schaffung der „intimité solitaire" aus. Die geteilte Intimität dagegen erfordert einen prunkvolleren Rahmen.

Ausgehend von diesen beiden Spielarten häuslicher Intimität könnte man versuchen, entsprechende Strategien der Inneneinrichtung zu unterscheiden. Die Tendenz zur *Unterdeterminiertheit* des Dekors hat zur Folge, daß

---

* Dt. im Original, A.d.Verl.

Nebensächliches verschwindet und Kontraste verwischt werden. Ihr Ziel besteht darin, die Wohnräume möglichst neutral zu gestalten. Den Bewohnern oder Hauptakteuren wird damit eine zentrale, um nicht zu sagen exklusive Rolle zugeschrieben. Die Sparsamkeit der Mittel dient dabei als Leitfaden.

Im Gegensatz dazu erfordert die „gemütliche"* Atmosphäre eine gewisse *Überdeterminiertheit* des Interieurs. Sie erzeugt Bilder des Überflusses, ein Überangebot an symbolischen Botschaften, das den Zimmern einen intimen und warmen Charakter verleiht. Bürgerliche Wohnmodelle bedienen sich traditionellerweise dieser beiden Strategien, die die Bewohner abwechselnd sich vereinzeln oder zusammenkommen lassen. Während die bürgerliche Intimität auf einer gewissen Abgrenzung oder *Distinktion* beruht, die die Überlegenheit einer an Gütern, Beziehungen und Ansehen reichen Klasse demonstrieren soll, hat die Intimität unter den Arbeitern eher Schutzfunktion. Sie sichert eine gewisse *Protektion*, vor allem auf das Recht, an einem bestimmten Ort einfach nur zu leben, und zwar wie jeder andere auch.[83] Mit der industriellen Revolution und der Ausweitung des Massenwohnungsbaus unterliegen die Lebensgewohnheiten der Arbeiter einer Neuorientierung, die sich u. a. in einer Umgestaltung der Innenräume manifestiert. Theoretisch erhalten sie die Möglichkeit, sich die Vorteile häuslicher Intimität ebenso zu Nutze zu machen wie die bürgerlichen Schichten. Diese Möglichkeit, die als ein weiterer Schritt auf dem Siegeszug des sozialen Fortschritts dargestellt wird, trägt indessen kaum zu einer qualitativen Verbesserung der Existenzbedingungen bei. Die Neudefinition des Zuhause verläuft parallel zu einer starken Zentrierung des Lebens um den häuslichen Herd. Dem Unsicherheitsfaktor, den die Räume außerhalb der Wohnung mit sich bringen, sucht man durch Distanz zu begegnen.

Das relative Anwachsen des bewohnbaren Raumes müßte theoretisch zu einer Verminderung der Streitigkeiten und zu einer Annäherung der Bewohner führen, wobei die häusliche Intimität einen starken Anteil an der Regulation des Privatlebens in den Familien hätte. Eine geläuterte Familienmoral bannt die Gefahren eines promiskuitiven Lebens und trägt zur stärkeren Bindung der Haushalte an ihre Wohnstätten bei. Der Aufruf, sich einer ihrem Wesen nach bürgerlichen „Wohnkunst" anzuschließen, ergeht jedoch an eine gesellschaftliche Klasse, die durch andere unmittelbarere Aufgaben, wie etwa die tägliche Sicherung des materiellen Lebensunterhalts, zu sehr in Anspruch genommen ist, als daß sie solchen Weisungen Gehör schenken könnte.

---

* Dt. im Original, A.d.Verl.

Das Intime und das Private

Die häusliche Intimität stützt mithin den Zusammenhalt der Kleinfamilie. Entsprechend arbeitet sie an der Abschaffung allen Nomadentums. Walter Benjamin schreibt: „Unter Louis-Philippe betritt der Privatmann den geschichtlichen Schauplatz (...). Der Privatmann, der im Kontor der Realität Rechnung trägt, verlangt vom Interieur in seinen Illusionen unterhalten zu werden (...). Es stellt für den Privatmann das Universum dar. In ihm versammelt er die Ferne und die Vergangenheit. Sein Salon ist eine Loge im Welttheater (...). Das Interieur ist nicht nur das Universum, sondern auch das Etui des Privatmanns. Wohnen heißt Spuren hinterlassen. Im Interieur werden sie betont."[84] Die gleichzeitige Aufwertung des Privatmanns und des Interieurs dient als Hebel, um Unruhen im Arbeiterwohnungswesen zu vermeiden und die Population zur Seßhaftigkeit anzuhalten.

Man stellt sich die einzelne Wohnung als Raum des ruhigen und friedlichen Familienlebens schlechthin vor. Durch seine Abtrennung von der übrigen Welt vermag das Interieur angeblich alle Erwartungen zu erfüllen. So schwärmt man für den friedlichen Feierabend, der jeden Tag aufs Neue für die draußen geführten Kämpfe entschädigt. Damit hat aber die Intimität im Innern der Wohnung zwangsläufig einen restriktiven Charakter. Sie sucht den Bewohner dauerhaft an seine Heimstätte zu binden. Die Wohnungen sollen eine moralische Anziehungskraft ausüben, der sich niemand zu entziehen vermag. Für die Familien kommt das einer Freiheitsberaubung gleich. Um die sich daraus ergebende Natur der Zwänge besser zu verstehen, scheint es angebracht, die Beziehungen zwischen Intimem und Privatem zu untersuchen.

Wie kommt es, daß sich das Intime und das Private auf dem Wohnungssektor in ihren Wirkungen gegenseitig verstärken? Wo liegen die Grenzen ihrer Einflußbereiche? Beide – das sei zumindest beiläufig erwähnt – nehmen unterschiedliche Bedeutungen an, je nachdem in welchem Kulturkreis und innerhalb welcher Klassenethik man sich befindet.[85]

Aus der Sicht der Gemeinschaftswohnung scheint es, daß die Intimität die *innere* Gestaltung der häuslichen Szenerie zu regeln sucht. Sie wirkt sich auf die Zusammenkünfte, die Stimmungen und die Lebendigkeit des gemeinschaftlichen Wohnens aus. Andererseits manifestiert sie sich in der Abgeschiedenheit und im Rückzug. Mit ihren bald in Dur, bald in Moll ausgelegten Modulationen ist die Intimität eine dem Raum immanente Kraft und gleichzeitig Verhaltensmaßstab. Im Gegensatz dazu verweist die Privatheit der Wohnung lediglich auf ihren unveräußerlichen Charakter. Das Etikett des Privaten wird eher von *außen* aufgeprägt. Es folgt einer eigentümlichen restriktiven Logik, die zugleich absichert, abschreckt und vereinzelt.

Abgesehen von diesen Überlegungen zum Verhältnis von innen und außen lassen sich beide Begriffe, das Intime und das Private, unabhängig von Milieu, Subjekten und der besonderen Beschaffenheit der häuslichen Szene gebrauchen. In gewissen islamischen Kulturen sind sie, aufgrund einer spezifischen Interpretation des Keuschheitsphänomens, vollkommen bedeutungsgleich. So wird das Haus dem Körper der Frau assimiliert und bleibt als solcher geheim. In anderen kulturellen Zusammenhängen lassen sich zwischen Privatem und Intimem starke Trennungsmomente beobachten. Mit Beginn der sechziger Jahre hat man dem Phänomen der privacy in den Vereinigten Staaten ausführliche Studien gewidmet. Es nimmt die Bedeutung von Einschließung, Kontrolle und Verteidigung an, wo es auf Gebäude bezogen wird. Andererseits bezeichnet es Scham, Zurückhaltung, Anonymität, wo von den menschlichen Beziehungen die Rede ist. Die Ideologie, die diesen verschiedenen Bedeutungen zugrunde liegt, geht nicht nur auf den nordamerikanischen Puritanismus zurück, in ihr spiegelt sich zugleich ein Moment von Notwendigkeit: Die Familien haben sich gegen die Gefahr sozialer Unruhen zu schützen. Gleichzeitig bemüht man sich, die Versuchung, die in der Rückkehr zu den unannehmbaren Formen kollektiven Zusammenlebens liegt, durch die „privacy" des Familienlebens zu bannen, indem man das kapitalistische System noch stärker in seiner Grundfeste, dem Familienbesitz, verankert. So gesehen ist die privacy lediglich ein Instrument, um die Widerstandskraft des Hauses angesichts äußerer Bedrohungen zu verstärken.

In der Familienwohnung gehen Intimes und Privates eine enge Bindung ein. Doch ändert sich damit sogleich ihr Charakter. Während das Private vor allem die Eigentumsverhältnisse sichert, manifestiert sich das Intime im häuslichen Zusammenleben als beruhigende Kraft. Als ein Maximum an Privatheit und Intimität gilt traditionellerweise das Eheschlafzimmer. Beide Begriffe verschmelzen beinahe in ihrer Bedeutung, wenn sie die abschreckende Wirkung dieses exklusiven, nur wenigen zugänglichen Territoriums bezeichnen. Die dabei wirksame Verschränkung von Subjekt (Bewohner) und Objekt (Wohnung) beweist eine gewisse Konvergenz von Intimem und Privatem. Gemeinsam bilden sie einen Kode, der den Raum determiniert. Die Häufigkeit und die Intensität der Zeichen wachsen mit dem zunehmend privateren Charakter der Räume an. Wer sich dem Eheschlafzimmer nähert, dem stellen sich abschreckende Vorrichtungen (Doppeltür, Vorhänge) in den Weg. Sie sollen sein Eindringen verhindern. Vor allem die mit der Sexualität verknüpfte Intimität hat zur Folge, daß man die Schwelle zum Elternschlafzimmer für unüberschreitbar erklärt.

Weitere Beziehungen zwischen dem Intimen und dem Privaten lassen sich an der Rolle der Fenster ablesen. Das einzelne Fensterkreuz, wie es sich noch in der traditionellen Kammer findet, zieht mehr Aufmerksamkeit auf sich als jene Glasfronten, die die Fläche ganzer Außenwände einnehmen. Für den Raum hat das Fenster eine zweifache Funktion. Durch seine Beziehung zum Außen dient es der Orientierung, gleichzeitig vermag es dem Zimmer Licht zuzuführen. Vor allem in dieser zweiten Funktion ist es für die „Existenzberechtigung" des Raumes unerläßlich.
Auch die metaphorische Bedeutung des Fensters als „Auge des Hauses" trägt dieser doppelten Aufgabe Rechnung. Literarische Beschreibungen bezeugen den inquisitorischen „Blick", den die Fenster auf uns richten.[86] Zuweilen scheinen sie „ihr eigenes Leben zu leben", was als unerträglich empfunden wird.[87] Neben dem einfachen Kontakt zum Außen, bliebe eine gewisse Komplizität zu erwähnen, die der Bewohner mit dem ihm vertrauten Fenster unterhält und die es aus der Vielzahl anderer Fenster abhebt.
Fremde Fenster regen kaum zur Kontaktaufnahme an. Von außen gesehen vermitteln sie eher einen verschlossenen Eindruck als den einer Öffnung zur Welt. Auch Blumenfenster bilden in dieser Hinsicht nur sehr bedingt eine Ausnahme. In gewissen Städten dienen sie als Touristenattraktionen, wobei sich die Anziehungskraft der Straßen an der Fülle des Blumendekors bemißt. Darüber hinaus tragen sie häufig genug demagogische Züge.
Das Fenster bietet Schutz gegen „das große Zuviel des Draußen".[88] Seine Rolle beschränkt sich in diesem Fall darauf, die Nacht zu unterbrechen und den Tag hereinzulassen, das Außen zu enthüllen und das Innen zu schützen. Es dient als Schutzschirm zwischen dem Vertrauten und dem Fremden, als Instrument zur Aufteilung zweier Welten: Die eine vollständig angeeignet, die andere außerhalb, teilweise unbekannt und auch ein bißchen gefürchtet. Nach innen ist das Fenster Hüter häuslicher Intimität. Es sorgt dafür, daß sich die Menschen in erster Linie im vorderen Teil des Zimmers aufhalten. Nach außen hin schützt es vor indiskreten Blicken. Diese Schutzfunktion, die sich aus seiner Grenzlage zu zwei ‚Territorien' ergibt, kommt zweifellos der privaten Funktion zu, wohingegen seine Aufgabe, die Atmosphäre im Innern zu beleben, intimer Natur ist.
In den Alpenstädten Tirols und des Engadin weisen die Fenster außen eine beträchtliche Größe auf, wohingegen sie zur Zimmerseite hin nur eine bescheidene Öffnung bieten. Neben dem klimatischen Aspekt (kleine Öffnungen an den Innenseiten lassen die Zimmer weniger schnell erkalten, große Öffnungen in der Fassade dagegen fangen ein Maximum an Licht ein) sind dabei gewisse Formen häuslicher Lebensgewohnheiten von Bedeutung. So läßt sich dank der schrägen Gewände leichter beobachten, was sich draußen

ereignet. Andererseits gewährt das alpine Fenster dem Straßenpassanten ein prächtiges Bild. Er blickt auf die symbolischen und familiären Verzierungen des Rahmens. Gleichzeitig bietet sich ihm ein schmeichelhaftes Bild des Zimmers nach Art eines gewollt intimen Gemäldes.
Das Beispiel des Fensters zeigt, daß sich die Wohnung einer komplexen Geographie von Intimitäten erschließt. Besonders von der Gestaltung ihres Ambientes hängt ab, wie die Aufteilung der Räume wahrgenommen wird. Lebendigkeit und Ruhe bestimmen den intimen Charakter der Wohnräume. Folgerichtig heißt dies aber, daß diese unmittelbar von der Frage der Innenausstattung abgeleitet ist. Das Private kann dagegen die Formen der Nutzung und die Eigentümlichkeiten des Ambientes zeitweise ignorieren. Es signalisiert lediglich die Grenzen zwischen Erlaubtem und Verbotenem. Das Zusammentreffen von Privatem und Intimem führt im 19. Jahrhundert zu einer Umgestaltung des gemeinschaftlichen Wohnens. Sein vorgebliches Ziel ist die Emanzipation der Volksschichten, wobei der Wohnbereich die Rolle eines Vermittlers spielt. Im Mittelpunkt dieser Umgestaltung steht eine mystische Verbindung aus Privatem und Intimem, die den häuslichen Herd mit einer fürsorglichen und zugleich sakralen Aura umgibt.

Darstellungen der Wohnsituation

Der traditionelle Gegensatz zwischen dem Vertrauten und dem Fremden gestattet es, die Beziehungen, die die Bewohner zu ihren Wohnstätten hergestellt haben, auf ihre Eigentümlichkeiten hin zu untersuchen. Vagabunden und Nomaden werden unterschiedslos als soziale Plagegeister geschildert, die die öffentliche Moral kompromittieren. Um die großen Reisenden ranken zahlreiche Geschichten. Darin erscheinen sie zumeist als Verstoßene, die eine ungesunde Faszination auf die Gesellschaft ausüben. Umgekehrt werden Seßhaftigkeit und Bescheidenheit in den häuslichen Lebenspraktiken als Verhaltensideale der „vornehmen Leute" angepriesen.
Die Apologie des Familienlebens und seiner Verwurzelung in einem bestimmten Wohnbereich ist ein universelles Phänomen und zugleich Folge einer spezifischen kulturellen Zentrierung. Alles, was nicht der Normalität entspricht, gerät dabei in Mißkredit. Und umgekehrt werden alle Praktiken aufgewertet, von denen man glaubt, daß sie mit den herrschenden Gewohnheiten konform gehen. Es handelt sich um eine ethnozentrische Sicht, die alle Außenstehenden oder nur Anderen systematisch mit dem Etikett des Absonderlichen versieht. Die Legitimität befindet sich in jedem Fall auf der

Seite derer, die sprechen; alles Unschickliche und Ungehörige dagegen im feindlichen Lager.
Die durch das Fremde und das Außen geweckte Neugierde galt lange Zeit als eine Art Perversion. Man interpretierte sie als Kritik an der herrschenden Ordnung oder als Versuch, sich ihr zu entziehen. Fromme Schriften wiesen auf die Gefahren des Außen hin, vor allem auf seine eifrigen Bemühungen um die Gunst der Menschen. Mit dem Hinweis darauf, daß sie, gemessen an den häuslichen Tugenden, bloß vergebliche Eitelkeiten darstellen, gelang es jedoch schon bald, die Gefahr zu bannen.
Um den Versuchungen von außen zu entgehen, propagiert man eine Moral des Entsagens und des Verzichts. Trost wird denen gewährt, die sich der Attraktivität des „Anderen" zu widersetzen vermögen. Man hält die Arbeiter an, ihre Wohnstätten zu hüten und den sozialen Frieden zu wahren. Diese Mahnrufe haben die Form von Plädoyers, sich auch angesichts der bestehenden Ungerechtigkeiten ruhig zu verhalten.
Die bürgerliche Moral bedient sich demnach manichäischer Überlegungen, um die Macht ihrer Zensur auch auf dem Gebiet der Wohnkultur durchzusetzen. Die Wohnung soll für ein Leben, das ganz der Arbeit geweiht ist, entschädigen und wird zu diesem Zweck einer paternalistischen Logik unterworfen. Ein spezifisches Wertesystem soll die Rechtmäßigkeit des Bemühens um eine gesunde häusliche Moral stützen: „Mein Gott, mein Bett, meine Frau und mein Vaterland."[89] Ihren bevorzugten Ausdruck finden diese Weisungen in den Bildern vom gemütlichen Kaminfeuer und vom „Dach über dem Kopf". Die Aussicht auf ein bescheidenes Glück scheint unter ethischem Gesichtspunkt den „rechten Weg" zu weisen.
Die literarische Sublimierung der Arbeiterwohnungsfrage bedient sich jenes Mythos, wonach die einfachen Leute dem Himmel näher stehen als die Mächtigen. Bedürftigkeit und Fleiß der Arbeiter werden als Ausdruck einer Art frommer Erlösung gedeutet. Über den proletarischen Unterkünften waltet, so die Auffassung, jene „göttliche Gnade", die ausreicht, um die Arbeiter mit dem Nötigsten zu versorgen. Alles, was darüber hinausgehe, sei doch nur überflüssig. Der Legende vom einfachen Leben fügt sich eine Ideologie hinzu, derzufolge das Begehren nach materiellen Dingen nur einem verschobenen Wunsch entspringe und letztlich mit Züchtigung zu ahnden wäre.
Die Philosophie des „Mit-wenig-zufrieden-sein" hat entscheidenden Einfluß auf die Wohnvorstellungen der Arbeiter. Moralische Werte besitzen Priorität und schränken somit das Recht auf den Erwerb materieller Güter ein. Das Unglück der Arbeiterfamilien (Krankheit, Armut, Zwistigkeiten) wird gewöhnlich als Schicksalsschlag gedeutet, wodurch man in der Lage ist,

heimlich und unbemerkt sozialen Druck auszuüben. Unter dem Vorwand, daß sie sich der „natürlichen" Ordnung der Dinge zwangsläufig widersetzt, wird die häufig heraufbeschworene Fatalität der Arbeiter zum Anlaß für Reformen, auch und vor allem im Wohnungsbereich. Mit unlogischen Schlußfolgerungen und Beweisen sucht man den Aufwand im Wohnungsbaubereich so klein wie möglich zu halten. Warum sollte man den Arbeitern schließlich große Räume zubilligen, wenn die unmittelbare Nähe der Familie bereits eine durch das Evangelium geheiligte Union verkörpert? Warum die häufig strapaziöse Hand- oder Hausarbeit durch Maschinen ersetzen, wo doch den Gesten unzweifelhaft ein gewisser Adel zukommt? Diskurse, die die Arbeiterwohnungsfrage zu lösen suchen, nehmen die Gestalt hypokritischer Predigten an. Sie behaupten eine gesellschaftliche Trägheit, um die allgemeine Ratlosigkeit angesichts der Unzulänglichkeiten im Wohnungsbereich abzuschwächen.
Die durch die Errichtung der Mehrfamilienhäuser am Ende des 19. Jahrhunderts bedingte Immobilität bringt die Bemühungen der Wohnungsreformer zum Scheitern. Sie offenbart eine Klassenkampfstrategie, die etwa nach folgendem Szenario funktioniert: Gestützt durch die öffentliche Verwaltung mühen sich Privatleute (Industrielle, Grundstückseigner, Bauunternehmer) um eine „ernsthafte" Interpretation der Bedürfnisse derer, die darauf verzichten, sich zu äußern, sei es, weil sie über keine Mittel verfügen, sich Gehör zu verschaffen, sei es, weil sie nicht recht wissen, was sie benötigen. Von ihrer humanitären Mission überzeugt, schreiben sich die Wohnungsbauinitiatoren eine Expertenrolle zu. Damit wird es ihnen möglich, die Modalitäten ihrer Bauprojekte und die damit zusammenhängenden Lebensformen in aller Ruhe festzulegen. Durch diesen plumpen Trick gelingt es ihnen auch, verfängliche Spuren zu verwischen. So sind sie in der Lage, die Wohnkultur der Arbeiterklasse auf ein Minimum zu beschränken. Und der Umstand, daß die Arbeiterwohnungen gleichsam „von göttlicher Hand" geschaffen werden, lenkt die Aufmerksamkeit der Öffentlichkeit von den sozialen Zwängen ab, die der Bau und die Ausbeutung des Wohnungsbereichs mit sich bringen.
Die Wohnung wird demnach als ein Schlupfwinkel konzipiert, der in erster Linie die Aufgabe hat, die Arbeiterfamilien in ihrer angestammten Unterwürfigkeit zu halten. In der extremen Bescheidenheit der Mittel wird eher ein Geschenk des Himmels als eine Strafe gesehen. Was den Grundriß betrifft, so wird die Größe der Räume durch den Umstand gerechtfertigt, daß sie den natürlich begrenzten Bedürfnissen entspräche. Die häufig beschworene Treue der Arbeiter gegenüber ihrem häuslichen Herd ist ein sicheres Unterpfand für die Wahrung des sozialen Friedens. Aus demselben Interesse

heraus zeigt man keine Toleranz gegenüber Unruhen, die die Hausordnung stören oder gar außer Kraft setzen könnten. Der Bewohner soll sich seinem Heim zugehörig fühlen. Keineswegs sollte er auf den Gedanken kommen, die ihm zugebilligten Privilegien zu mißbrauchen und durch kleine Verletzungen des häuslichen Friedens die Bombe zum Platzen zu bringen.
Über das Familienleben der beherrschten Klassen geben nur wenige Spuren Aufschluß. Sie zu rekonstruieren ist um so schwieriger, als die tatsächlichen Wohnbedingungen der Arbeiter, so wie sie sich durch den Einfluß des Industriekapitals herausgebildet haben, geringschätzig abgetan oder stillschweigend übergangen werden. Man sollte daraus aber nicht den Schluß ziehen, die Massen hätten sich der herrschenden Wohn- und Familienpolitik bedingungslos gefügt. Stattdessen sollte man den tatsächlichen Anteil der Arbeiter an der Herausbildung ihres historischen Bewußtseins und ihrer unstrittig vorhandenen Wohnkultur ermitteln.
Nur wenige Zeugnisse eines urbanen „Wohn-Gedächtnisses" ragen hier und da aus der allgemeinen Indifferenz heraus. Ohne Frage wäre es sinnvoll, sie zu sammeln; mit einer solchen Sammlung individueller Wohnerfahrungen ließe sich möglicherweise ein historischer Lebensabschnitt vollständig rekonstruieren, und man könnte verhindern, daß diese Zeugnisse endgültig dem Vergessen anheimfallen.
Der Abriß von Elendsquartieren und gesundheitspolizeilich unzulässigen Häusern wird allmählich den Informationsstrom, der über das Privatleben der Arbeiterhaushalte unterrichtete, zum Versiegen bringen. Die tatsächliche, materielle Beseitigung dieses Kapitels der Vergangenheit hat zur Folge, daß es in gewisser Weise irreale Züge annimmt. Daneben bietet sie natürlich auch die Möglichkeit, die Ordnung wiederherzustellen und Profite zu machen. In der Regel befindet sich die Abrißsanierung im Widerstreit mit den Erwartungen der Bewohner. Das zumindest sollte für eine vollständige Sanierung der baufälligen Häuser sprechen.
Angesichts der Gefahren, die das enge Zusammenleben der Arbeiter in überfüllten Städten bekanntermaßen birgt, beruhigt man die Öffentlichkeit gewöhnlich damit, daß man die Existenz baupolizeilich ungenügender Wohnverhältnisse schlichtweg abstreitet. Langfristige Projekte der öffentlichen Hand und der Grundstücksspekulanten gehen dahin, die durch die Arbeiter hinterlassenen Spuren in den modernen Städten zu verwischen. Man lenkt die Bevölkerungsströme in große anonyme Wohnblocks, die einen gewissen Abstand zur Straße wahren, oder drängt sie in die Vororte. Dieser Schachzug verdrängt die Arbeiterwohnungsfrage nicht nur aus der öffentlichen Diskussion, er trägt auch zu einer wachsenden Verbürgerlichung der Städte bei, und zwar durch einen Zuwachs an Anonymität.

5 Der häusliche Innenraum

Es scheint ratsam, dem für Architekten so vertrauten und geläufigen Begriff des Raumes einen anderen, weniger verbreiteten an die Seite zu stellen, dessen Bedeutung jedoch die menschliche Präsenz stärker zu beschwören vermag, nämlich den der *Räumlichkeit* (spatialité). Der Begriff der Räumlichkeit drückt die räumlichen Eigenheiten eines Ortes aus und deutet seine mögliche sinnliche oder affektive Wahrnehmung an. Es geht also um die Erfahrung der gleichmäßigen Begrenzung eines Zimmers, einer Wohnung, eines Hauses und deren Niederschlag im alltäglichen Leben.

So verstanden, ruft der Begriff der Räumlichkeit unweigerlich Vorstellungen an eine Theaterbühne wach. Die Dynamik seiner Bedeutung vermag Räume zu bevölkern und zu beleben, etwa vergleichbar einer brodelnden Flüssigkeit, die ein Behältnis bis an die Grenze ihres Überlaufes füllt. Man kennt die Auswirkungen jenes festlichen Glanzes, den Versammlungs- oder Theatersäle bei gut besuchten Vorstellungen oder Veranstaltungen erzeugen. Eine offene, nicht beengende Räumlichkeit beflügelt so etwas wie eine kollektive Leidenschaft, die alle Distanz zwischen den Teilnehmern beseitigt.

Andererseits weiß sich Räumlichkeit auch zu begrenzen, etwa im Falle des einzelnen Zimmers. Dem Bewohner vorbehalten, soll sie ihn vor möglichen Angriffen von außen sicher wähnen. Im Gegensatz zur öffentlichen Räumlichkeit bedient sie sich vieler kleiner Zwischentöne.

Wollte man die verschiedenen Formen der Räumlichkeit, denen das Wohnen der Massen in seiner sukzessiven Entwicklung korrespondiert, in Erinnerung rufen, so hätte man in der Zeit des Ancien Régime eine erste, allerdings noch enge und ärmliche Variante auszumachen; sodann eine dichte Formenvielfalt, die jedoch von den durch die industrielle Revolution hervorgerufenen Strukturen abhängig ist; und schließlich, im 20. Jahrhundert, die Form einer auseinanderbrechenden, aufklaffenden Räumlichkeit, d. h. einer Räumlichkeit, die sich erweitert und dabei dennoch einem Fraktionierungsprinzip unterworfen ist.

Entwicklung der Räumlichkeit

Der Massenwohnungsbau in den Industriestädten bringt ein Wohnmodell mit gleichsam unveränderlicher Aufteilung hervor. Auf dem Kontinent sind die Zimmer gewöhnlich beiderseits eines zentralen Flurs angeordnet. Abgesehen von geringen Variationen wird dieses typische, schon vor Ende des 19. Jahrhunderts entwickelte Modell unablässig kopiert. Die Folge davon ist, daß die Räumlichkeit dazu tendiert, unbeweglich und gleichförmig zu werden.

Bereits ein allgemeiner Vergleich zwischen Bürger- und Arbeiterwohnungen enthüllt eine gewisse morphologische Konstanz in der Aufteilung der Räume; Ausmaße und Raumvolumen weichen dagegen beträchtlich voneinander ab. Die Versuchung mag groß sein, die bescheidenen Arbeiterunterkünfte und die Wohnstätten der Reichen auf eine Stufe zu stellen und so zu tun, als könne man die Kluft, die ihre Bewohner trennt, ignorieren. Die Annahme eines zur Universalität tendierenden Wohnungsgrundrisses vermag um Fortschrittlichkeit bemühte Bauherren zu faszinieren. Tatsächlich vermag die Arbeiterwohnung durch ihre Ähnlichkeit mit bürgerlichen Wohnmodellen zuweilen Klassengleichheit vorzutäuschen. Die Wohnung mit mittlerem Vorzimmer scheint zu einem Vorwand für soziale Versöhnung zu werden.

Im Französischen bezeichnet man den einzelnen Haushalt auch als „Feuerstätte" (feu), um die Zusammenkünfte der Familienmitglieder um den häuslichen Herd zu symbolisieren. Ein Moralkodex waltet über den Pflichten der Bewohner. Aufgabe der Räumlichkeit der Wohnung ist es, die gesellschaftliche Reproduktion zu fördern, wobei sie die Organisation der alltäglichen Gesten und die Natur der Familienbeziehungen von einer Generation zur nächsten weiterträgt. Jeder Bewohner erhält einen bestimmten Platz zugewiesen, jeder Raum eine eigene Funktion. Die Territorialisierung der Wohnrechte und -pflichten entspricht einer präzisen funktionalen Wohnungsaufteilung.

Doch gilt es die Analyse, die für das vergangene Jahrhundert bereits skizziert wurde, hier bis in die zweite Hälfte des 20. Jahrhunderts fortzusetzen. Es bleibt zu untersuchen, ob die Bemühungen um eine Stabilisierung der Bevölkerungsbewegungen kontinuierlich weitergeführt wurden oder aber in ein Stadium der Stagnation eingetreten sind. Schließlich gilt es abzuschätzen, wie sich physikalische Veränderungen innerhalb des Wohnungsbaus auf die Wohnformen, insbesondere auf die Abtrennung der Zimmer ausgewirkt haben.

Selbst eine flüchtige Erkundung der alltäglichen Lebensgewohnheiten um die Mitte des 20. Jahrhunderts enthüllt eine gewaltige Transformation der Beziehungen innerhalb der Familien. Der Herd, einst exklusiver Ort des Entstehens und der Übermittlung sozialer Werte (Glaubensvorstellungen, Bräuche, Praktiken), büßt Schritt um Schritt seine moralische Autorität ein. Das häusliche Leben wird grundlegend in Frage gestellt. Immer häufiger werden die Lebensformen von äußeren Organen abhängig: Von öffentlichen Einrichtungen, wie Schulen, Freizeit- und Therapiezentren, oder mehr noch von den Medien (Presse, Rundfunk und Fernsehen). So ist die Familie von der Reproduktion sozialer Werte, die sich zu einem größeren Teil außerhalb ihres Schoßes herausbilden, ausgeschlossen. Und in dem Maße, in dem man sie ihrer traditionellen Vorrechte beraubt, büßt die Familie ihre Daseinsberechtigung ein.[90]

Mithin verliert die familiäre Gruppe ihre primäre Aufgabe: Statt Sozialisation zu „produzieren", wird sie jene Institution par excellence, die außerhalb geschaffene Werte konsumiert. Diese Wandlung führt unweigerlich zu einer Verarmung jenes lebendigen Mittelpunktes, den die Wohnung bis dahin bildete. Auch auf der Ebene des Affektaustausches besitzt sie keinen exklusiven Status mehr. Sie wird nicht mehr als *der* häusliche Herd erlebt, und ihre Schutzfunktion schwindet unmerklich dahin.

Außerdem dient die Wohnung nicht mehr so häufig wie noch in der Vergangenheit als Zufluchtsstätte, die man aufsucht, um sich vor äußeren Feinden zu schützen. Die Bindungen der Einzelnen verlieren sich; durch Anregungen und Zerstreuungen von außen, vor allem durch den Einfluß der Medien, löst sich das Familienleben auf. Die Wohnung ist demnach nicht mehr jener zentrale Ort, an dem man sich tagtäglich im intimen Kreis der Familie mit sozialen Kontakten versorgt.

Angesichts der drohenden Entfremdung sucht sich die Familie – auch um ihre Ohnmacht zu kompensieren – an die Wohnung wie an einen Rettungsanker zu klammern. Doch auch die Wohnung, ernsthaft von außen bedroht, ist nurmehr ein schwaches Abbild ihrer selbst. Während die Einheit der Wohnung in gewisser Weise zerbröckelt und ihre alleinschützende Kraft verliert, bleibt sie für die Familie nichtsdestoweniger die einzig legitime Zufluchtsstätte. Diese paradoxe Situation weckt bei den Bewohnern ein Gefühl der Zerissenheit und gestaltet den Wohnalltag noch schwieriger. Nach wie vor bilden die eigenen vier Wände den einzigen Ort, an dem man normalerweise Schutz gegen eine als bedrohlich empfundene Nachbarschaft sucht. Doch erscheint die Wohnung zugleich als ein andersartiges, wenn nicht sogar neuartiges Mittel, um die Erfahrung der Isoliertheit zu durchbrechen. Die Unvereinbarkeit dieser Bestimmungen kann zur Quelle von Verwirrungen werden.

In dem Maße, in dem das familiäre Heim an die Kommunikationsnetze der Außenwelt angeschlossen ist, verliert sie ihren exklusiven Status. Andererseits aber tragen diese immateriellen Beziehungen, obwohl sie die Möglichkeit zu wirklicher Autonomie bieten, doch zu einer verstärkten Isolation der Bewohner bei. Durch die neuartigen Beziehungen zwischen der Wohnung und dem gesellschaftlichen Universum sieht sich die tägliche häusliche Szenerie zweifellos einem vielfältigen Wandel ausgesetzt.
Während sich die räumlichen Gestaltungsformen seit dem Ende des 19. Jahrhunderts kaum verändert haben, haben sich die Lebensgewohnheiten in solchem Maße weiterentwickelt, daß es keinen Vergleichsmaßstab mehr zwischen Gegenwart und Vergangenheit gibt. Technische Fortschritte in der Produktion und Verarbeitung von Baustoffen gestatten es, das Arbeitsvolumen zu verringern. Es wird möglich, die Dicke der Wände herabzusetzen, die Länge frei tragender Wände auszudehnen und die Durchgänge von einem Zimmer zum anderen zu vergrößern. Weniger als bisher haben Außenwände statische Funktion; so wird es möglich, sie dünner zu machen und mit mehr Öffnungen zu versehen. Diese Lockerungen setzen eine Reihe von baulichen Veränderungen in Gang, die offenere Wohnräumlichkeiten begünstigen, wobei es bei der Planung möglich ist, vom traditionellen Mauerwerk abzukommen.
Der fortschreitende Rückgang der Wohndichte und die damit verbundene größere Distanz zwischen den Bewohnern haben die Wohnräume in der Vergangenheit ihrer *Unmittelbarkeit* entkleidet. Die Bewohner hatten die Möglichkeit, sich einzuschließen oder anderen auszuweichen, so daß sich in ihre Beziehungen insgesamt eine Vielzahl von Umwegen einschleichen konnten. Folge davon war eine Einschränkung ihrer Mobilität. In der Entstehungsphase des Gemeinschaftswohnens erschien sie als ein Phänomen *räumlicher Verlangsamung (décéleration spatiale)*, wobei Raum und Zeit allmählich einem homogenen Modell unterworfen wurden.
Schließlich führen die bautechnischen Verbesserungen zu einer Erhöhung des Kommunikationsflusses zwischen den einzelnen Zimmern, vor allem durch die Beseitigung der ehemaligen Umwege. Im Laufe des 20. Jahrhunderts gewinnt diese Tendenz noch an Bedeutung. Es entwickelt sich eine räumliche Ökonomie, die Hindernisse und tote Räume (dicke Wände und Luftschächte) so weit wie möglich reduziert. Die Wege zwischen den Zimmern werden kürzer, und es ergeben sich größere Möglichkeiten der Raumnutzung. Als Folge davon gewinnt die These vom erhöhten Gebrauchswert der Wohnung in der Öffentlichkeit an Glaubwürdigkeit.
Die Neugestaltung des inneren Wegenetzes mit dem Ziel größerer Beweglichkeit verleiht den Wohnräumen andererseits jedoch den Charakter relati-

ver Unbeständigkeit. Die permanenten Bewegungen der Bewohner gefährden die Regelmäßigkeit ihrer Nutzung. Die Verbesserung des Verkehrsflusses innerhalb der Wohnung, herbeigeführt durch gleichsam prophylaktische Maßnahmen, führt zu einer Neuorientierung im Wohnungsbau insgesamt. Die architektonische Reformierung des bewohnbaren Raumes mit der Absicht, ihn zugänglicher zu machen, verleiht diesem allmählich einen banalen, ja sogar anonymen Charakter. Vollkommene Bewegungsfreiheit ist das vorrangige, wenn nicht das einzige Ziel dieser neuen Form häuslicher Räumlichkeit.

Die *Bewohnbarkeit* der Wohnung erscheint von nun an relativ unabhängig von der spezifischen Funktion ihrer Zimmer. Tatsächlich bedarf es nur leichter Veränderungen, um beispielsweise ein Schlafzimmer in einen Arbeitsraum zu verwandeln, und umgekehrt. Sicherlich hat sich der Gebrauchswert der Wohnungen durch den größeren Handlungsspielraum, der sich aus den mehrfachen Verwendungsmöglichkeiten der Zimmer ergibt, beträchtlich erhöht. Doch werden die Zimmer andererseits, da sie ihren exklusiven Charakter eingebüßt haben, mehr oder weniger bewußt als qualitativ ärmer erlebt. Die Bedeutung der Wohnung als eines Mikrokosmos schrumpft durch den Verlust gewisser distinkter und unveräußerlicher Eigentümlichkeiten der Räume.

Die neue Form der Räumlichkeit verrät einen Schwund an häuslicher Intimität, da die Wohnungen immer weniger in der Lage sind, ihre Bewohner affektiv zu binden. Angesichts dieser Rückbildung kann man sich fragen, ob die Wohnung nicht eines wesentlichen Teils ihrer sozialen Aufgabe, nämlich in erster Linie ein *Ort der Bindung* sein zu können, beraubt ist.

Im 20. Jahrhundert bemessen sich die „Leistungen" einer Wohnung hauptsächlich nach quantitativen Kriterien, wie Kapazität, Grundfläche und festen Kosen. Qualitative Faktoren, die geeignet wären, die Räumlichkeit der Wohnung den Erfordernissen des Familienlebens unterzuordnen, werden stillschweigend übergangen. Indes wäre es ungenau zu behaupten, daß es an solchen Bestrebungen gänzlich fehlt. Ungefähr um 1950 wird die Aufmerksamkeit der Öffentlichkeit auf die Strategie des *streamlining* gelenkt. Bereits in der Vorkriegszeit hatte sie sich unter dem Vorzeichen der „guten Form" angekündigt. Ihr Ziel besteht in einer neuen Ausarbeitung der Form, der Verkleinerung insbesondere, im Sinne rationellerer Handhabbarkeit. Diese Entwicklung findet vor allem bei Industrieprodukten Anwendung, doch berührt sie auch den Wohnungsbereich. Das Bemühen um Zeitgewinn bei der Verrichtung von Handgriffen und um Sparsamkeit in der Verwendung von Baustoffen führt zu einer Straffung der Linien. Gestützt auf die Annahme, nach der sich Schönes besser als Häßliches verkaufe, werden industrielle

Kreationen mit einer neuen Ästhetik versehen, die weiche Konturen an die Stelle der bis dahin üblichen harten Kanten setzt. So entstehen formale Verwandtschaften zwischen der Kühlerhaube eines Autos, dem Kühlschrank und dem Staubsauger.

Man wendet sich der Linie zu, um die mechanische Reproduktion des Produkts im erweiterten Maßstab zu vereinfachen und seine Attraktivität entsprechend dem Geist der Zeit zu erneuern. Die Verlockung der Form, vor allem ihre elegante Einfachheit, wird selbst zu einem Kaufmotiv. Die Entwicklung der Mode, wie sie sich insbesondere in den Haushaltsgegenständen manifestiert, folgt nicht allein dem Ziel technischer Perfektionierung, sondern erlaubt den mehrmaligen Verkauf eines Artikels vor seiner endgültigen Abnutzung.

In einem analogen Erneuerungskreislauf bewegt sich auch die Wohnung. Ihre räumliche Gestaltung paßt sich industriell vorgefertigten und der Abtrennung der Zimmer dienenden Accessoires (leichte Zwischenwände oder vorgefertigte Schränke) an. Die Perfektionierung der Küchen- und Sanitäranlagen unterliegt gleichfalls Marktanforderungen. Ein gutes Beispiel für die Umformung des Wohnbereichs bietet die Arbeitsküche. Spezialisten haben die Handgriffe der Hausfrau während der Zubereitung der Mahlzeiten genau beobachtet, um eine Art kompakter und normierter Blockküche zu entwerfen, in welcher die Anordnung der Einrichtungsgegenstände nach dem Prinzip des geringsten Arbeitsaufwandes und maximalen Zeitgewinns erfolgt. Die „Standard"-Sichtweise setzt sich durch.

Die Wohnung wird so zu einem Objekt häufiger Aufwertungen, was dazu führt, daß sie fortwährend einen neuen Anstrich erhält, um sie der Konsumtionslogik besser anzupassen. Ziel ist es, die Wohnräume vollständig nutzbar zu machen und alle Hindernisse aus dem Weg zu räumen, die die Bewegungsfreiheit einschränken. Diese Glättung des Raumes geht mit einem Anstieg des Komforts einher, was schließlich – unter Mithilfe der Werbung – zu Formen der Übermechanisierung führt. Die „Werbeträchtigkeit" einer Wohnung bemißt sich an der mechanischen Perfektion der Einrichtung, die andere, weniger spektakuläre Eigentümlichkeiten des Interieurs allmählich verdrängt.

Dieser häusliche Leistungswettlauf gründet auf der systematischen Eliminierung aller „Hindernisse", die das Verhältnis Subjekt (Bewohner) – Objekt (Wohnung) belasten könnten. Leitend bei dieser Konzeption ist die Suche nach vollkommener Übereinstimmung und Bequemlichkeit *(good fit)*, die eine auf der Trennung von Nützlichem und Hinderlichem basierende Politik der konstruktiven Auslese einführt. Ein solcher Rationalismus bedient sich sukzessiver Vereinfachungen, um die Endqualität des Produkts zu gewähr-

leisten. Die Beseitigung von Hindernissen ist gleichwohl bedrohlich für die Wohnung, dann nämlich, wenn auch noch die Abschaffung überflüssigen, weil angeblich unzweckmäßigen oder störenden Raums für wünschenswert befunden wird. Optimale Wohnqualität bemißt sich allein an vollständig nutzbaren Wohnflächen.
Die Zeit, die durch die Einsparung überflüssiger Handgriffe im Haushalt frei wird, läßt sich, zumindest theoretisch, für gewinnbringendere Tätigkeiten, so etwa Freizeitaktivitäten, aufwenden. Die Mechanisierung des Haushalts und die neue Konzeption des Innenraums verbinden sich unmittelbar in Vorhaben der Wohnungsgestaltung. Einem utopischen Programm von 1975 zufolge lassen sich optimale Bedingungen in einem dreifachen Postulat zusammenfassen: Harmonische Übereinstimmung, allseitige Zugänglichkeit, günstige Verbindungswege (fitness, openness, connection).[91] Die Vorstellung *räumlichen Fließens*, die in allen drei genannten Eigenschaften zum Ausdruck kommt, soll dem Bewohner jederzeit persönliche Autonomie wie auch direkten Kontakt zur gesellschaftlichen Außenwelt gewähren. Zudem signalisiert sie eine gewisse Verbindung von individueller Mobilität und territorialer Verankerung, von Wandel und Bestand, Bedingungen, die aus der heutigen Zeit nicht wegzudenken sind.
Die Wohnungsreformer aus der zweiten Hälfte des Jahrhunderts betreiben eine „Hindernisjagd" ähnlich einem Gärtner, der sich des Unkrauts zu entledigen sucht. Die Wohnräume lassen sich immer wieder noch perfekter gestalten. Am Ende drohen sie, infolge ihrer beständiger Angleichung, ineinander überzugehen. Es kommt zu einer Art Fusion, zu einer räumlichen Isotropie des Interieurs, wobei die verschiedenen Räume schließlich ihre spezifischen Merkmale in der Anonymität verlieren.
Versuche, die Bedingungen der „Wohnqualität" zu definieren, scheitern an den affektiven Besetzungen der Bewohner; sie sind schwierig zu quantifizieren. Die spezifische Natur und die Intensität der individuellen Beziehungen zum Raum lassen sich kaum erfragen oder gar verallgemeinern. Grad der Identifikation der Bewohner mit ihren Räumen zu ermitteln und die Spuren, die vertraute Orte bei einzelnen Menschen hinterlassen, zu lesen, ist Sache der Psychoanalyse. Sie verfügt über geeignete Schlüssel, um die Beziehungen zwischen dem Unbewußten und dem familiären Raum zu deuten.[92] Doch beziehen sich all diese Versuche auf Einzelfälle; daher haben sie kaum Verbreitung gefunden.
Es bleibt hinzuzufügen, daß die affektiven Bedingungen der Bewohner nur selten unter dem Aspekt materieller Not erörtert wurden. Für die Mehrzahl der Bewohner sind materielle Unsicherheit und häusliche Ökonomie tägliche Probleme. Für sie sind die Bemühungen um ein Minimum an Komfort

daher vorrangig. Alle anderen Ansprüche sind dieser elementaren Frage nachgeordnet.
In anderen Fällen, wo das Existenzminimum überschritten wurde, zeigen sich die Bewohner mit dem Wohnungsinterieur unzufrieden. Schnitt und Einrichtung der Wohnungen, häufig als eine Befreiung für das Alltagsleben angepriesen, vermögen ihre Erwartungen nicht zu erfüllen. Die Anonymität der Wohnung herrscht ihren Bewohnern Lebensformen auf, die institutionalisierten Normen entsprechen und ihnen die Möglichkeit des Andersseins nimmt. Die Ideologie des „flexiblen" Wohnens – wonach die verschiedenen Räume dank eines gleichsam mechanischen Bausystems unendlich variiert und kombiniert werden können – erweist sich als Illusion. Einige, die gleichwohl an einem harmonischen Familienleben festhalten wollen, reagieren angesichts dieser Entwicklung mit Angst. Das erklärt die nostalgische Sehnsucht nach Häusern, die gegenüber der rationalisierten Räumlichkeit des 20. Jahrhunderts wie eine Zuflucht wirken.
Für den Bewohner ist der häusliche Raum also in gewisser Weise *ungreifbar* geworden. Dieser Mangel wird gewöhnlich durch die Mietbedingungen sowie durch die Unterwerfung unter eine Hausordnung verstärkt. Einer Identifikation mit der Wohnung sind dadurch deutliche Grenzen gesetzt. Allerdings hat sich wohl jeder die Erinnerung an einige ausgewählte Bilder einer Wohnkultur bewahrt, die sich dem Wahnsinn der Stadtentwicklung entziehen. In diesen Visionen von idealem Wohnen erscheint die Verankerung der Affekte als eine unerläßliche Kraft, die dazu verleitet, in Träumen Zuflucht zu nehmen. Darin ist sie den Märchen verwandt.
Die Wohnung verliert somit ihre zentrale Rolle als *geistiger Ort* und wird von Nebensächlichkeiten in Anspruch genommen. Die gewachsene Mobilität der Bewohner, ein gewisses Nomadentum weist ihr eine Vielzahl neuer Aufgaben zu. Dazu gehört die Bedeutung, die sie als Mittel der Zerstreuung bekommt. Die Aufwertung der Freizeit durch verschiedene Hobbies oder Vergnügen wird in gewisser Weise zur sozialen Pflicht, eine Form, seinen gesellschaftlichen Status unter Beweis zu stellen. Da häuslicher Rückzug und trautes Familienglück zunehmend in Mißkredit geraten, gilt es Energie und Tatkraft in anderen Bereichen zu behaupten. Doch tragen solche – mehr von außen als von innen kommenden – Freizeitaktivitäten eher noch zu einer Lösung jener Fesseln bei, die die Menschen an ihre Wohnungen binden.
Insgesamt hat sich die persönliche Beziehung zu den Wohnräumen unter dem Einfluß äußerer Einwirkungen grundlegend gewandelt. Die veränderte Situation macht das Bedürfnis nach affektiver Verankerung ungreifbarer, aber nicht weniger dringlich. Der Machtzugriff auf die Wohnung ist im

Schwinden begriffen. Die Abhängigkeit von einem einzigen Ort, dem Zuhause, wird zum Problem. Es ist kaum möglich, die Modalitäten dieser Bindung ständig neu zu formulieren. Und da sich der Alltag nicht verändert, wird man kaum die Notwendigkeit verspüren, dem vorzubeugen. Angesichts dieser mißlichen Situation mag es angemessen sein, sich erneut nach der *menschlichen Beziehung zum Raum*, die ihrerseits auf die Kultur des Interieurs verweist, zu fragen.

In der Nachkriegszeit taucht in den Untersuchungen und Programmen zur Wohnsituation ein Paradoxon auf. Entsprechend der damals vorherrschenden operationellen Sichtweise wollte man mit rationellen, d. h., industriellen Methoden ein weit verbreitetes Wohnmodell erarbeiten. Zu diesem Zweck wurde der Wohnraum an die sich rasch entwickelnden familiären Bedürfnisse neu angepaßt. Dabei war es übrigens notwendig, in die Raumkonzeption gewisse, von individuellen Neigungen abhängige Unterscheidungen aufzunehmen. Entsprechend dem Zentralisierungsgrad der verantwortlichen Planungsorgane war die Erfahrung mehr oder weniger überzeugend.

Der Zuwachs an Wohnungen über eine Systematisierung der Entwürfe und der Bauelemente hat häufig eine Erhöhung der Auswechselbarkeit der Räume zur Folge. Für den normalen Massenwohnungsbau gilt: Je neutraler und offener für verschiedene emotionale Besetzungen die Räume bleiben, desto größer erscheinen die Anpassungsleistung und der Gebrauchswert der Wohnung. Umgekehrt schafft räumliche Indifferenz kaum günstige Bedingungen für eine direkte Aneignung der Wohnung durch ihre Bewohner. Die Ausrichtung der Wohnung am Gesetz der großen Zahl und an der anonymen Masse ist in zahlreichen Analysen untersucht worden. Deren Folge war eine Reform der Wohnungsbaupolitik, die allzu offenkundige Mängel abstellte.

Um die Frage nach den Beziehungen zwischen Bewohner und Wohnung wissenschaftlicher anzugehen, hat man sie verallgemeinert und auf die Ebene des Verhältnisses von Mensch und Raum verlagert. Diese gleichwohl legitime Forschungshaltung hat jedoch ihre Grenzen. Zunächst kann die Spannweite der affektiven Beziehungen, die der Bewohner zu seiner Wohnung unterhält, nicht auf eine schlichte Subjekt-Objekt-Gleichung reduziert werden. Wenn die Umwelt per definitionem niemals ausschließlich „physikalischer" Natur ist (und zwar von dem Augenblick an, wo sich Personen in ihr aufhalten), kann man nicht vom Gebrauchswert und von den eigentümlichen Bedeutungen abstrahieren, die diese Umwelt in den Augen ihrer Bewohner annimmt. Die Wohnung ist notwendigerweise als ein *Verhaltensraum* (im Sinne des *behaviour setting* der Amerikaner) zu konzipieren.[93]

Ferner ist die Wohnsituation von einer grundlegenden Ambivalenz geprägt, die alle Bemühungen um Rationalisierung erschwert. Ein aktives und ein passives Moment lassen die Wohnung in den Augen ihrer Bewohner als eigenwilligen Partner erscheinen. Jede angeeignete Räumlichkeit erweist sich zugleich als aneignend. Man kann die Wohnung nicht zum einfachen Objekt abstempeln, über das man unumschränkte Macht besitzt. Sie ist Ergänzung oder Verlängerung des Ich und verlangt bestimmte Formen der Unterwerfung. Das Bild vom Häuserbauer, der nach seinem Einzug zu einem Gegangenen seiner eigenen vier Wände wird, ist nicht nur eine rhetorische Figur. Es gilt vor allem aber für jenen Fall, da der Bewohner keinen Einfluß auf die Baugestaltung dieser vier Wände hat.

Jede grundlegende Untersuchung zum Wohnungsproblem, die Bilanz ziehen und einer künftigen Wohnungspolitik den Boden bereiten will, sieht sich den hier skizzierten Schwierigkeiten ausgesetzt. Im Grenzfall bedeutet das: Je sorgfältiger die Analyse der Wohnungsfrage betrieben wird, desto weniger lassen sich Möglichkeiten der praktischen Vermittlung ausmachen. Der Abstand zwischen den theoretischen Kenntnissen und der Möglichkeit des aktiven Eingreifens auf den Raum wächst mit der Aufteilung ihrer Kompetenzen. Das ontologische Wissen über das Wohnungswesen vermag die Aufgabe der Bauherren kaum zu erleichtern, zuweilen wirkt es sogar beeinträchtigend. Umgekehrt ist die Erfahrung mit der Arbeit auf den Baustellen kaum eine Hilfe für die in die metaphysische Erkundung der Wohnung eingespannten Forscher.

Eine direkte Umsetzung der über das Wohnen gewonnenen Einsichten auf den Bereich des praktischen Wohnungsbaus wäre demnach kaum möglich. Wo gewisse Korrespondenzen bestehen, bleiben sie zu schwach und zu zerbrechlich.

Gewiß ist es ungerechtfertigt, den bewohnbaren Raum aus einer deterministischen Sicht heraus formen zu wollen, was beispielsweise dazu führen würde, daß man seine Wirkungen auf das individuelle Verhalten vorsätzlich einplant. Auch wenn diese Möglichkeit zuweilen heraufbeschworen wurde, läßt sie sich nur einem groben baukünstlerischen Voluntarismus zuweisen. Sie mag in Extremfällen, wie etwa im Gefängnis, wo menschlicher Zwang im Vordergrund steht, Anwendung finden; aber das Wohnproblem läßt sich mit solchen Rezepten nicht lösen. Der Einfluß des Wohnmilieus strahlt in so viele Richtungen aus, daß es keine eindeutige Verbindung zwischen der Struktur der Wohnung und der Art zu wohnen geben kann. In einem Bereich, in welchem selbst die Nuancen beträchtliches Gewicht bekommen, ist jeder Schematismus unanwendbar.

Es zeugt von mangelnder Kenntnis der progressiven Anpassungsmechanismen, wenn man die Beziehung des Bewohners zu seinem Eigenraum auf ein simples Reiz-Reaktions-Schema reduziert, wie es die Architekturpsychologie in ihren Anfängen versucht hat. Andererseits hat die Abstraktion von den affektiven Reaktionen der Bewohner – unter dem Vorwand, sie seien zahllos und ließen sich unmöglich aufführen – eine schematische Haltung zur Folge.

Es bleibt indes deutlich, daß die Analyse der Beziehungen, die der Mensch zum bewohnten Raum unterhält, ebenso von den Strategien sozialer Gruppen wie von individuellen Neigungen abhängt.[94] Wenn die Aufdeckung soziologischer Strukturen innerhalb kollektiver Wohnformen teilweise noch objektiv erfolgen kann, ist dies in den Untersuchungen der individuellen Reaktionen kaum mehr möglich. Sie erfordern vielmehr eine Erkundung des irrationalen Universums. Immer noch bietet die Wohnung dem Alltagsleben Halt. Sie ist Schild oder Schirm, hinter dem man Zuflucht sucht, um sich vor äußeren Angriffen zu schützen. Ebenso ist sie Verlängerung des Subjekts und in dieser Eigenschaft unablösbar von der Gegenwart des Menschen, also ungeeignet zur Objektivierung.

Irrig ist die Annahme, die Wohnungsfrage könnte und müßte eine endgültige Lösung erfahren, „ein für alle Mal" beantwortet werden. Die Mehrzahl der Wohnreformen geht davon aus, man müsse eine kritische Schwelle erreichen und überschreiten. Jenseits dieser Schwelle sei der Fortschritt gewissermaßen verbürgt, und es gebe keine Möglichkeit des Rückfalls mehr. Übrigens sind zahlreiche Pläne für die Produktion ausreichenden Wohnraums genau aus dieser Sicht heraus entstanden, ebenso wie eine Reihe von Entwürfen, die die räumliche Anordnung und die Haushaltseinrichtung den Bedürfnissen einer anonymen Bevölkerung anpassen sollen. Doch gelang es diesen zwangsläufig punktuellen Lösungen und Innovationen nicht, die beständige Wohnungsnachfrage zu sättigen.

Es wäre mithin illusorisch, eine solche Lücke durch eine Reihe von Reformmaßnahmen, die das Problem „mit neuen Augen" sehen, auszufüllen. Die Unmöglichkeit, ausreichenden Wohnraum bereitzustellen, ergibt sich zum großen Teil aus der Schwierigkeit, soziale Unterdrückungsmechanismen aufzuheben, von denen die Wohnungsfrage nur einen besonderen Aspekt darstellt. In dieser Hinsicht wird die Situation der Familienwohnungen nicht auf jene „irreguläre" Nachfrage bezogen, der man dringlich abhelfen müßte. Das Fortbestehen eines Raumaufteilungsmodells seit nun mehr als einem Jahrhundert zeigt die Trägheit einer sozialen Einrichtung, die sich dem Wandel verweigert. Wäre der Widerstand gegen eine radikale Umgestaltung des Wohnbereichs nicht letztlich ein Eingeständnis der Furcht vor einem Umsturz der sozialen Ordnung?

Wie hätte man sich die Bescheidenheit der Arbeiter in ihren Forderungen zur Wohnsituation zu erklären, wenn nicht durch die Doppelnatur der Wohnungen selbst: als *soziale Kampfprobe* und als *persönliche Hochburg?* Freilich, wie stark die Entfremdung der Bewohner auch immer sein mag, stets wird man bei ihnen auf ein spezifisches Bewußtsein vom Gebrauchswert ihrer Wohnung treffen. Der Besitz einer so exklusiven Macht entschädigt die Bewohner in gewisser Weise für die außerhalb erlittenen Kränkungen und Restriktionen. Er versöhnt sich mit einer herrischen Welt und stärkt sie in ihrer Rolle als Gebieter.

Mehr oder weniger bewußt sucht jeder aus der umfassenden Beherrschung seiner Wohnräume die nötige Sicherheit für den Kampf gegen tatsächliche oder fiktive Feinde zu ziehen. Da es hierbei um die Kompensation einer realen Ohnmacht geht, kommt es zu einer noch engeren Verschmelzung von Bewohner und Wohnung. Sollten in den Städten Unruhen ausbrechen, werden sie sich stets auf den Raum außerhalb der Wohnungen beziehen; als eine der Facetten des Privatlebens wird man das Interieur zu hüten suchen. Die Identifikation des Subjekts mit seiner Wohnung bildet eine gewisse Schranke gegen das Übergreifen der Kämpfe im Wohnungsbereich auf die Volksmassen. Da man die Wohnung vertraulich als einen Teil seines Selbst ansieht, kann sie kaum als sozialer Bezugspunkt in Erscheinung treten. Von den Kämpfen sucht man sie fernzuhalten; man will sie keinen Gefahren aussetzen, so als ob ihre geringe Bedeutung in der Arena der Öffentlichkeit eine Art unaussprechbarem und fast schon beschämendem Makel entspringt.

Richtet man das Augenmerk auf die Beziehungen Bewohner-Wohnung, so hat man die *Wohnkultur* zu berücksichtigen, jenen Bereich, in dem sich soziale und individuelle Werte vorzugsweise verschränken. Abhängig von der Rolle und der Stellung, die der Einzelne hat, vermag sie neue Aspekte seiner Beziehung zum bewohnten Raum zu enthüllen.

Die Wohnkultur

Der Wohnung eine eigenständige Kultur zuzusprechen, ist schwierig, da sie einen Bereich ausmacht, der sich kaum mit abstrakten Begriffen verträgt und in dem zahlreiche Einflüsse fächerartig zusammenkommen. Wohnkultur ist von Kultur allgemein nicht zu trennen. Die Wohnpraktiken bleiben den anderen Praktiken des Alltagsleben verpflichtet.[95] Zudem erschließen sie sich in ihrer vollen Bedeutung nur über die eigene Erfahrung, was eine Einbeziehung des persönlichen Lebensentwurfs erforderlich macht. Durch die Ausbreitung des Massenwohnungsbaus und die Trennung zwischen Wohn- und Arbeitsstätte tritt die Scheidung von Produktion und Konsumtion deutlich hervor. Im Laufe dieser Entwicklung, die sich über mehrere Generationen erstreckt, kapselt sich die Wohnung unaufhörlich ab. Sie wird geachtet und aufgewertet, was in einer regelrechten *Kultur des Interieurs* zum Ausdruck kommt. Sie verbindet Wertsysteme, die zur Stabilität neigen, mit solchen, die sich permanent erneuern.

Freilich gibt es nicht nur eine einzige Wohnkultur. Die soziale Hierarchie manifestiert sich in einer Vielzahl von Kulturen. Diese enthüllen indes eine gewisse Kontinuität in den jeweiligen Bestrebungen benachbarter Klassen. Als Verhaltensregulativ schöpft die Wohnkultur ihre Vorbilder gern aus dem Milieu der Bessergestellten. Tatsächlich ist es üblich, sich von jenen Klassen, denen man sich sozial anzunähern sucht, beeinflussen zu lassen und sich ihre häuslichen Gewohnheiten bis ins Detail zu eigen zu machen.

Die Nutzung der Wohnräume enthält wichtige Hinweise auf das soziale Verhalten. Die Mehrheit jener Bewohner, die gern ihre Zugehörigkeit zu den gehobeneren Gesellschaftsschichten demonstrieren würde, müht sich um eine peinlich genaue Übernahme ihres Einrichtungsstils. Es handelt sich hierbei also um einen *Konformismus,* der eine Angleichung an jene Verhaltensformen vorsieht, die einhellig als höherwertig eingestuft werden.

Die Bebilderung der Wände oder die Wahl des Mobiliars werden zu Erkennungszeichen für Gruppen, die sich als ebenbürtig ansehen. Man wird sich um so bereitwilliger den stillschweigend von oben gegebenen Anweisungen fügen, je ausgeprägter der Wunsch nach sozialem Aufstieg ist. Auch wenn man es sich nicht eingestehen kann, spiegelt der Einrichtungsstil die Haltungen und Merkmale derer, die man sich zum Vorbild gemacht hat.

Doch erstickt die allgemeine Anpassung an sozial bewährte Modelle nicht schon alle Versuche, die genormten Verhaltensformen zu durchkreuzen. Je mehr man seiner Bewunderung für eine bestimmte Umgebung nachgibt, desto deutlicher scheint die Möglichkeit, sich abzusondern, hervor; desto mehr wird man auch moralisch das Recht verspüren, seine eigenen Wünsche – sozusagen zwischen den Zeilen – zu realisieren. Fühlt man sich dagegen in seinem Bemühen um Konformität unsicher und schwach, so wird man eher vor Innovationen bei der Einrichtung zurückschrecken und versuchen, sich dem herrschenden Stil ganz und gar und soweit wie möglich zu unterwerfen.

Die Schwerfälligkeit des überkommenen, von den unteren Klassen bevorzugten Mobiliars symbolisiert die Beständigkeit familiärer und ehelicher Werte. Geräumiges Volumen, hohes Gewicht, erlesene Qualität, Polsterungen: es sind vor allem diese Eigenschaften des Mobiliars, die eine unerschütterliche Bindung der Familie an ihre Wohnung verbürgen.[96] Das Dekor

nimmt starre Züge an. Die Möbel werden auf sich gegenüberstehenden Seiten oder halbkreisförmig angeordnet, wobei sie sich zugleich zu Blocks oder zu Sequenzen formieren. Die Wände dienen Truhen und Anrichten als Stützflächen. Nicht von Möbeln ausgefüllte Flächen werden ihrerseits dekoriert, da die Leere als Zeichen von Armut oder gar mangelnder Lebenskunst geächtet wird. Fülle und Überfluß im Dekor vereinigen in der Regel alle Hoffnungen des Volkes im Hinblick auf die Einrichtung der Wohnung.
Auch wenn die kulturellen Vorbilder im Innern derselben sozialen Gruppe weitgehend übereinstimmen, lassen sich immer häufiger Ausnahmen von der Regel beobachten. In der zweiten Hälfte des 20. Jahrhunderts erfanden die Möbelhäuser neue Werbestrategien, mit denen sie die Aufmerksamkeit der Kunden anzuziehen vermochten. Dazu gehörten vor allem niedrige Preisangebote für Waren, die ehemals exklusiven Käuferkreisen vorbehalten waren, oder Wohnungseinrichtungen, die ursprünglich für Chefbüros entworfen wurden. Geschickt machen sich marktbeherrschende Firmen Kultur- und Klassenunterschiede zu Nutze. Sie wenden sich an junge Haushalte, umschmeicheln ihre Aufstiegssehnsüchte und vermitteln ihnen gewissermaßen die Illusion, mit nur einem einzigen Schritt, nämlich durch den Erwerb irgendeines Einrichtungsstücks, gleich mehrere Stufen der sozialen Rangleiter zu erklimmen. Die Inhalte der Wohnkultur sind so äußerst beweglich und, mehr noch, den Stürmen der Marktökonomie ausgeliefert. Zieht man darüber hinaus den beruflichen Aspekt mit in Betracht, wird das durch Einrichtungsstrategien geknüpfte soziale Wertsystem noch komplizierter. Die Wohnzimmereinrichtung beispielsweise spiegelt nicht nur den Geschmack wider, sondern auch den beruflichen Erfolg seines Bewohners, ebenso wie den Grad seiner Lockerheit. So kann eine Einrichtung, bestehend aus leicht kombinierbaren und zusammensetzbaren Stücken, seinen raschen Aufstieg innerhalb der Berufshierarchie symbolisieren. Die Fähigkeit, sich selbst in Frage zu stellen oder die eigenen Vorstellungen zu ändern, wird von einer Inneneinrichtung bezeugt, die sich jederzeit umgestalten läßt. Rückhaltslos werden Lebensformen, die mit festgefügten (auch Wohnungs-)Einrichtungen der Vergangenheit brechen, von der Werbung ausgebeutet, so das Bild des jungen Ehepaares; dynamisch und „ständig unterwegs".
Innerhalb dieser Wohnvorstellung geht es nicht mehr darum, die Gesamtheit der Möbel in logischen und untrennbaren Serien anzuordnen. Man ist vielmehr aufgefordert, mit Kontrasten und Abweichungen einen eigenen Stil zu entwickeln, so daß Besucher in jedem Fall mit Interesse oder Bewunderung reagieren. Diese Wohnform (als ob man sich immer gerade einrichten wollte), verbunden mit einer gewissen Freiheit in der Verteilung der Ge-

genstände, reflektiert ziemlich genau den Loslösungsprozeß der Bewohner von der traditionellen Entwicklung.

Eine solche unmittelbare Sprache der Dinge – sie ist die Frucht einer Zusammenarbeit von Psychologen und Werbefachleuten – macht gewisse Mischformen möglich. Parallel zur Überschwenglichkeit der Moderne tönt sie von Ehrfurcht vor der Vergangenheit und von einer Rückkehr zu traditionellen Werten – ein neuerlicher Beweis kultureller Aneignung. Die kommerzielle Entscheidung, in der Innenausstattung Vergangenes mit Zukünftigem zu verknüpfen, beweist die schmeichelhafte Behauptung, daß „unterrichtete" Käufer in der Lage sind, zu unterscheiden: ohne sich von der Gegenwart abzuwenden, bleiben sie doch vergangenen Formen treu, zweifellos ein Zeichen ihres Weitblicks. Die Widersprüchlichkeit der Botschaften erreicht ihr geschäftliches Ziel, wobei sich diese besonders an Schichten wenden, die nach sozialer Anerkennung und sozialem Aufstieg streben.

Die kulturellen Verweise des Wohnzimmers richten sich an eine ebenso fiktive wie reale Öffentlichkeit. Diejenigen sozialen Schichten, die sich nur mit Mühe ein Zuhause geschaffen haben, haben in jedem Fall den Wunsch, mit der Gesellschaft „im Reinen" zu sein und bieten daher von sich aus ein Bild, von dem sie glauben, es genüge den gesellschaftlichen Wertvorstellungen. Anders bei den Schichten, die gezwungen sind, Gäste bei sich zu empfangen (sei es aufgrund traditioneller Verpflichtungen, beruflicher Notwendigkeit oder des Verlangens nach sozialer Anerkennung): In ihrem Fall gelten häufige Änderungen des Dekors als fortschrittlich. Sie haben theoretisch die Möglichkeit, ihre einmal getroffene Wahl jederzeit zu verwerfen. Ganz sicher ist dieses Spiel mit der Wohnungseinrichtung aus Statusgründen selbst auch Zeichen eines gewissen Wohlstands.

Die Werbung versteht es aus gewissen Bildern Profit zu ziehen. Da sieht man beispielsweise eine junge Frau: Mit einem Lächeln auf den Lippen ist sie gerade dabei, die Tücken ihres Haushalts spielerisch zu meistern, als unerwarteter Besuch eintrifft, den sie jedoch sogleich herzlich empfängt. Man erhält einen verführerischen Einblick ins Innere der Wohnung: gerade genügend Unordnung, um das Unerwartete der Situation zu bekunden, im Übrigen keinerlei Geschmacksverirrung in der Einrichtung, was finanzielle Probleme oder gar eine Notlage verraten könnte... Die Sprache der Werbung – ebenso suggestiv wie brutal – unterstützt und beeinflußt die Wohnkultur. Die Tatsache, daß die gleichen Botschaften für alle Klassen gültig sind und auf allen Ebenen Befürworter finden, wie auch immer die angebotenen Waren beschaffen sind, dient der so produzierten Wohnkultur als Vorwand. Der Wohnbereich bietet den Werbefachleuten ein Terrain, auf dem sie Käuferschichten stimulieren können, indem sie die sozialen Beziehungen stö-

ren. Im 20. Jahrhundert entwickelt sich die an mittlere bis höhere „Führungskräfte" gerichtete Sprache zu einer Art Esperanto der Werbung, was keinen zahlungskräftigen Käufer gleichgültig lassen dürfte.
Aber die Ausrichtung des häuslichen Dekors ist nicht der einzige Bereich, in dem sich die Wohnkultur auswirkt. Die Nutzung der Zimmer und häusliche Tätigkeiten, wie einfache Bewegungen, Handgriffe und Putzarbeiten sind auch von ihr betroffen. Auch sie unterliegen klassenspezifischen Ausformungen.
Die Notwendigkeit zu repräsentieren hängt von den Lebensgewohnheiten und der sozialen Zugehörigkeit ab. Die Verhaltensweisen des Einzelnen folgen einem festgelegten Kodex, im Falle des mondänen Empfangs etwa einem bürgerlichen. Dort sind die Verhaltensweisen von vornherein bis ins kleinste vorgeschrieben. Und dennoch: Je erfahrener man in den bestehenden sozialen Umgangsformen ist, desto leichter wird man sich von ihnen distanzieren können und dazu übergehen, einen eigenen Kommunikationsstil zu betonen. Umgekehrt gilt: Je unsicherer man in der Erfüllung des Verhaltenskodex ist, desto stärker wird man sich bemühen, ihm Respekt zu zollen.
Die familiäre Erziehung ermöglicht es den einen, die Ellbogen während des Mittagessens auf den Tisch zu stützen oder die Knie öffentlich übereinanderzulegen, anderen dagegen nicht. Wo man von der eigenen sozialen Überlegenheit überzeugt ist, werden schroffe Gesten und grobe Redensarten schlecht honoriert, als ob sie eine ganze Tradition der Wohlanständigkeit bedrohen. Im selben Milieu gilt es als schicklich, seine materiellen Besitztümer nicht vor aller Augen offen auszubreiten, sondern diskret zurückzuhalten. Stattdessen läßt man echte Kulturgüter, Bilder der Vorfahren, alte Stiche oder Bildersammlungen, die die Verdienste von Familienangehörigen preisen, hervortreten. Je sparsamer und schlichter die Einrichtung ist, desto deutlicher werden materieller Wohlstand und die Qualität der sozialen Zugehörigkeit.
Diese Verhaltensweisen – sie zeugen von einem echten Klassenprivileg – werden am anderen Ende der sozialen Stufenleiter ziemlich mißgünstig aufgenommen. Sie gelten als Zeichen von Hochmut oder falscher Zurückhaltung, ja sogar als Beleidigung. Tatsächlich sind in den Arbeiterwohnungen distanzierte Verhaltensformen und individuelle Zurückhaltung unmöglich. Solche Art Bescheidenheit wird als Signal von Unzufriedenheit, Unwohnlichkeit oder aber als Kriegserklärung verstanden. Außerdem gestattet die Wohnungsaufteilung keine Trennung von Personen und Gegenständen. Im Gegenteil, sie impliziert Reibungen und starke affektive Beziehungen zwischen beiden. Hier hat es nichts Verblüffendes, wenn Haushaltsgeräte

fehlen und bewußt auf jede Ausschmückung verzichtet wird. Es gilt als Zeichen von Armut. Die Bescheidenheit des Interieurs evoziert keine Ordnung, die wie in den oberen Gesellschaftsschichten alle Lebensspuren sogleich verwischt (so kann es Aufgabe eines ‚Domestiken' sein, alle Abdrücke, die ein Körper in den Sofakissen hinterläßt, sogleich wegzuglätten, als ob sie etwas Tadelnswertes hätten).

Geht man dem Gegensatz zwischen dem Arbeitermilieu und den „gebildeten" Schichten bis in kleinste Detail nach, so nimmt er unweigerlich karikaturähnliche Züge an. Man sollte versuchen, ihm seinen gebührenden Platz zuzuweisen, indem man andere, marginale gesellschaftliche Bereiche nennt, wo es beispielsweise zu einer Verschmelzung zwischen der Welt des Wohnens und der der Arbeit kommt: Handwerker, Intellektuelle und Künstler besitzen eine gewisse Unabhängigkeit, die sich in mangelnder Kompromiß- und Anpassungsbereitschaft dokumentiert. Ihre häusliche Ordnung verweist eher auf den Gebrauchswert oder die innere Schönheit gewisser Objekte als auf die Darstellung sozialer Zugehörigkeit. Daraus folgt eine größere Freiheit in der Zurückweisung verfügter Normen.

Obwohl die verschiedenen sozialen Wohntypen oberflächlich immer ähnlicher werden (Mittelflur, Verbindung der Zimmer, Symmetrie der Gegenstände), bergen sie doch vollkommen inkompatible Lebensformen. Im einen Fall ist das Interieur immer auch auf gesellschaftliche Empfänge und auf die familiäre Wohnsituation abgestimmt, wobei die Hausfrau zugleich eine gebieterische und harmonisierende Funktion erfüllt. Im anderen Fall ist das Interieur ausschließlich für das Alltagsleben und die Regenerierung der Arbeitskraft ausgestattet. Die Rolle der Hausfrau ist dort gleichermaßen zentral, doch hat sie nicht die Möglichkeit, ihre Kompetenzen an andere zu delegieren. Auf der einen Seite ein Übermaß an Zuvorkommenheit, auf der anderen Seite keinerlei Rücksichtnahme – man ist schließlich „unter sich".

Die relative Ausdehnung der jeweiligen Wohnung hat in den gegensätzlichen Lebensweisen seine Grundlage. Während sich die bürgerliche Familie gewöhnlich auf verschiedene Wohnsitze verteilt, wobei sie sich deren Vorteile komplementär zu Nutze macht, beschränkt sich der proletarische Haushalt, der nicht über die gleichen Mittel verfügt, mit einem Zimmer, das für große Familienereignisse wie Heirat, Taufe oder Totenwache vorbehalten bleibt, Spektakel also, die, im Unterschied zu den sonstigen Ereignissen des Alltagslebens, in der Küche keine gebührende Bühne fänden.

Die „Weitläufigkeit" des Raums wird in den einzelnen Klassen mit unterschiedlicher Bedeutung versehen: Eher symbolisch ist sie für jene, die keine überzähligen Zimmer besitzen und der Stube eine rituelle Bestimmung beimessen; weniger schematisch dagegen für die Wohlhabenden. Sie können es sich leisten, die rein funktionale Nutzung der Wohnräume in Frage zu stellen. In der bürgerlichen Wohnung besitzen Nebenräume wie Gänge, Flure oder Vorzimmer eine ausdrückliche Bedeutung. Durch eine gewisse räumliche Verschwendung signalisieren sie Wohlstand und bewahren Bewohner und Gäste gleichermaßen vor dem Gefühl der Beengtheit und der Beschränkung.

In anderen Fällen jedoch, wo der häusliche Raum zugleich bemessen und ausreichend ist (sei es aus Gründen der Tradition oder der Notwendigkeit), kehren sich die Werte um: das Volle spielt in gewisser Weise die Rolle, die das Leere „gegenüber" spielt.

Um den proletarischen Küchentisch versammelt man sich im kleinen Kreis, Seite an Seite, ob man diese Nähe wünscht oder nicht. Im bürgerlichen Eßzimmer dagegen wahrt man stets eine gewisse Distanz, wodurch dem Aufkommen einer vertrauten Atmosphäre Grenzen gesetzt sind. Abhängig von der Zahl der beteiligten Akteure und vom Charakter der sozialen Appreturen, kompliziert sich die häusliche Inszenierung. Im Großbürgertum hat man das Eßzimmer nach beendeter Mahlzeit zu verlassen, damit der Tisch abgeräumt und die häuslichen Arbeiten erledigt werden können. Diese mit einer entsprechenden Skandierung des gesellschaftlichen Lebens verbundenen Ortswechsel greifen in Verhältnisse ein, die schichtenspezifisch unterschiedlichen Konventionen gehorchen: anderen häuslichen Praktiken und anderen Formen der Raumnutzung. Man könnte die Beispiele leicht vervielfachen.

Innerhalb der einzelnen Wohnkulturen entstehen gewisse Formen der Polarisierung, ohne daß sie letztlich ihre klassenspezifischen Attribute verlieren. Obwohl in allen gesellschaftlichen Gruppierungen berufliche Zwänge vorherrschen, bleiben die - gemessen an der Vergangenheit - eingeschränkten Lebensformen von einer sozialen Gruppe zur anderen verschieden. Vereinfachungen der Hausarbeit, die vor allem aus Gründen von Personalmangel erfolgen, spiegeln eine Einschränkung des großen Lebensstils, die aber keineswegs einen endgültigen Verzicht auf Klassenprivilegien mit sich bringt. Heute kann der Großbürger seine Herkunft selbst in der Küche nicht verleugnen, im Gegenteil sucht er sie durch gewisse Verzierungen der Einrichtung künstlich heraufzubeschwören. Dies um so mehr, als er in anderen Situationen seinerseits gezwungen ist, die Wohnpraktiken der Volksschichten anzunehmen.

Der „Demokratisierung" der Lebensweisen zum Trotz bleiben die Wohnkulturen der Kontrolle der herrschenden Klassen unterworfen. Diese sind kaum bereit, ihre Rolle als Spielleiter aufzugeben. Gegenüber den Imperativen der Moderne, der Industrialisierung beispielsweise, schränkt die gesamte

Gesellschaft allmählich ihre internen Differenzen ein, um zu einer anonymen Masse ähnlicher Individuen zu verschmelzen. Auf diese Weise passen sich alle an, nicht nur an die eigene soziale Gruppe, sondern an die Gesamtgesellschaft. Darüber hinaus werden die Modalitäten dieser gebieterischen Anpassung Tag für Tag, Stunde für Stunde, von den Medien – vor allem von Radio und Fernsehen – kommentiert.

Dieser konstante Druck auf die Öffentlichkeit durch die audio-visuellen Medien, von der Werbung zusätzlich verstärkt, führt im gleichen Maße zum Verschwinden der Volkskulturen und ihrer letzten Überreste, besonders gewisser häuslicher Bräuche. Der Begriff „Volk" wird dabei häufig nur von oben herab gebraucht, mit einer gewissen Hemmung, so als könne er Anstoß erregen. Die Darstellungen der Volkskultur haben eine Wendung genommen, bei der Rührung den Ton angibt (in herablassendem Mitleid wendet man sich ihr, die unwiderruflich dem Untergang geweiht ist, ein letztes Mal zu). Diese Haltung existiert übrigens seit jener Zeit, da sich die industrielle Revolution als Befreierin der Menschheit aufgespielt hat. Der Maschine wurden gewisse manuelle Aufgaben übertragen, und die rein häuslichen Tätigkeiten verloren ihre Bedeutung.

Die Volkskulturen besaßen indes jene charakteristische Gabe, kollektiven Emotionen körperlich und sinnlich Ausdruck zu verleihen. Ein Moment von Trivialität ging von ihnen aus – ansonsten konnte man sich über sie nicht beklagen. Mit der Abqualifizierung und Verdrängung ihrer Körperpraktiken entstehen die Volkskulturen in sublimierter Form von neuem, wobei sie sich angeblich dem Geist der Zeit nicht anpassen können. Zurückgewiesen durch eine intellektuelle Bewegung bürgerlichen Ursprungs, werden Ausdruck und Tradition des Volkes um so mehr entwertet, als man es für unfähig hält, sich über seine kümmerliche Existenz zu erheben.

Die Verdrängung manueller Arbeiten durch Mechanisierung einerseits und die Ausdehnung des Dienstleistungssektors andererseits bietet dem Verstand – gleichsam als Kompensation – die Gelegenheit, neue Aufgaben in Angriff zu nehmen. Diese haben künftig nicht mehr den Charakter einfacher Zerstreuungen. Man gibt nun geistigen Tätigkeiten den Vorrang, deren Zwecke den Massen notwendigerweise unzugänglich ist. Eine solche Verschiebung der Werte im Sinne zunehmender Abstraktion weist dem Arbeiter im Verhältnis zum Bürger zwangsläufig einen niederen Ort zu. Die Volkskulturen verlieren ihre Bedeutung und werden durch die Macht der Zensur zu Schweigen verurteilt.

Eine analoge Entwicklung charakterisiert den Wohnungsbausektor. Man wendet sich um so entschlossener dem Abriß baufälliger Arbeiterviertel zu, als diese nurmehr eine Art sozialer Last darzustellen scheinen. Dem bauli-

chen Verfall korrespondieren hygienische Mängel. Ohne Frage wird man diesen Vierteln – angesichts der Gleichschaltung der Wohnkultur – dennoch die Qualität eines rechtmäßigen Erbes zuerkennen.
Mit der Entwertung der ob ihrer Vulgarität verdammten Volkskulturen ergibt sich vor allem für die unteren sozialen Schichten die Notwendigkeit, sich den oben erlassenen Anweisen zu beugen, einem verordneten Konsumverhalten anzupassen und die eigenen Kulturformen aufzugeben. Bestimmte Lebenspraktiken werden zur Bedingung sozialer Anerkennung. Sie erfordern jedoch finanzielle Aufwendungen, die für die Massen häufig untragbar sind. So finden sie sich doch in der Zwangsjacke ihnen fremder Normen wieder. Gezwungen, mit diesem Dilemma zu leben, müssen die Arbeiter ihre Emotionen verdrängen oder sich in kompensatorische Verhaltensweisen flüchten, die gewöhnlich die Form neuerlichen Konsumverhaltens mit entsprechend aufwendigen Belastungen annehmen.[97]
Die Erforschung der Wohnkulturen findet somit in den Beziehungen der verschiedenen sozialen Gruppen zu ihren Wohnungen ein bevorzugtes Untersuchungsgebiet. Den Wohlhabenden kommen ein bestimmtes Wissen und bestimmte Fähigkeiten zugute, die sie mehr oder weniger als Geschenke ansehen. Dabei sind sie die direkten Nutznießer eines kulturellen und ökonomischen Kapitals, das ihnen eine Art sozialer Überlegenheit verleiht.
Die Lebensformen ergeben sich demnach aus *kulturellen Modellen*, die die Bedeutung des Hauses wucherisch anwachsen lassen.[98] Resultat ist eine Vielzahl von Verhaltensweisen und symbolischen Systemen, die die existentielle Identifikation der Individuen mit jenem kulturellen Feld übernehmen.
Die Wohnmodelle der verschiedenen Kulturen verweisen meist auf die Ethik der oberen Schichten, jene gesellschaftlichen Gruppen, die bevorzugten Zugang zu kulturellen Gütern haben (um so mehr, als sie ihnen seit jeher vertraut sind). Übrigens verspüren gerade ihre Vertreter das ständige Bedürfnis, sich von der restlichen Gesellschaft abzugrenzen. Sie suchen dies durch eine gewisse Exklusivität zu erzielen, die auch den Bereich des Wohnens und des Alltags beeinflußt.[99]
Während die Reichen gegenüber ihrer Wohnsituation stets eine vermittelte Beziehung, eine gewisse Reserviertheit besitzen – von daher ihre größere Entscheidungsfreiheit und die Möglichkeit, Analysen anzustellen –, haben sich die Volksschichten in diesem Bereich eher spontanere Verhaltensweisen zugelegt, Folge einer unmittelbaren Beziehung zur eigenen Wohnung.
In unseren Kulturen existieren kaum Darstellungen der Wohnsituation von Arbeitern selbst; oder, wenn es noch eine volkstümliche Wohnkultur gibt, so hat sie nicht mehr den grundlegenden Status eines wirklichen Kulturguts. Ein neuer Konsens hat sich ihren Einstellungen aufgeprägt. Er geht auf den

Einfluß von Reklamebildern und medialen Vermittlungsformen zurück, die die Volksschichten für alle Zeichen der Moderne hautnah empfänglich machen. Die Übernahme idealer Wohnmodelle vollzieht sich immer weniger auf bewußter oder freiwilliger Basis. Ihre Kriterien entstehen außerhalb, ohne Wissen der Beteiligten.

Die Wohnkultur wird somit von einer ständigen Wertverschiebung geprägt. Unter einem einheitlichen Anstrich enthüllt sich ihre ganze Heterogenität. Von äußeren Einflüssen bedroht, suchen die Herrschenden ihr Kulturmonopol zu verteidigen, indem sie sich von Zeit zu Zeit aufeinander abstimmen. Sie geben sich in ihrer Art zu leben neue Erkennungszeichen, die sie von den gegnerischen Gesellschaftsschichten abgrenzen. Jene schematische Sicht, wonach das architektonische Erbe allein Leuten von Rang vorbehalten bleibt und dem Volk eine „geschichtslose" Wohnpraxis zukommt, ist weitgehend überholt.

Gewisse Immobilienhändler und Möbelfabrikanten betreiben mit dem architektonischen Erbe sowie mit vermeintlichen Stilmöbeln von historischem Wert systematisch ihr Geschäft. Das erzeugte Durcheinander läßt den Rückschluß von einem besonderen Schnitt der Wohnsituation auf die soziale Stellung zum Glücksfall werden. Flüchtige Moden, die sich gegen überkommene Bräuche wenden, kommen ihren zweifelhaften Anstrengungen zusätzlich zugute. Die wachsende Mobilität und die Unsicherheit darüber, welche Bedeutung man dem Wohnen zukommen lassen soll, erschweren jeden Versuch einer exakten Erforschung der Wohnkultur beträchtlich.

Die Bedeutung der Wohnung für die Bewohner ergibt sich auch weiterhin direkt aus ihrem Marktwert sowie aus ihren sozialen und menschlichen Werten. Ihre Wirkungen (das, was sie für die Bewohner *leistet*) kommen in den gängigen Normenkatalogen kaum zum Vorschein. Sie beschränken sich darauf, ihre materiellen Vorzüge (das, was sie für die Bewohner *ist*) aufzuzählen. Das begriffliche und sprachliche Unvermögen, zwischen Prozeß und Produkt, sozialem Wert und Marktwert sauber trennen zu können, liegt zu einem guten Teil an der Schwierigkeit, die sozialen Aspekte des Wohnens zu quantifizieren. So entsteht eine offensichtlich unüberwindbare Konfusion zwischen den Begriffen der *Natur* und des *Wertes* im Wohnungsbereich. Die Analyse dieser Verwicklungen erfordert notwendigerweise ein komplexes und auch interdisziplinäres Vorgehen. Dabei ist die historische Deutung keineswegs unwesentlich. Sie allein vermag die Übergänge und Umgestaltungen der sozialen Strategien und Einsätze ans Licht zu bringen.

Es scheint, daß man die Dringlichkeit dieser schwierigen Aufgabe heute deutlicher sieht. Weitere Überlegungen könnten bei phänomenologischen

Modellen ansetzen; denn sie sind in der Lage, die intime Beziehung des Bewohners zu seiner Wohnung zu erhellen. Ein solches langwieriges Unterfangen könnte dazu führen, daß man im Wohnen nicht mehr nur ein Konsumobjekt sieht. Auch könnte man jenem folgenschweren Argument – zweifellos ein Vorwand – entgegentreten, nach welchem der Mensch sich allen künftigen Lebens- und auch Wohnformen anpassen werde. Um die bestehende Kluft zwischen theoretischer Analyse und Wohnungsbau nicht weiter zu vertiefen, wäre vor allem eine globale Forschungsstrategie erforderlich, die Mikroräume und Stadtplanung gleichermaßen einbezieht. Ein solches – zwangsläufig iteratives – Vorgehen würde dazu beitragen, immer noch unbekannte und verkannte Strukturen schrittweise offenzulegen.

Anmerkungen

1 Vergleiche Gauldie, E. (1974); Burnett, J. (1978)
2 Im Jahre 1810 zählt man auf 46,5 Einwohner einen Toten, 1859 auf 29 Einwohner (Glaab, C. & Brown, T., 1976, S. 71).
3 Multipliziert man die Zahlen miteinander, erhält man ein theoretisches Produkt von 1860 zu erbauenden Blocks (nach Kouwenhoven, 1953, S. 110).
4 Glaab, C. & Brown, T., 1976, S. 231
5 Jackson, A., 1976, S. 32
6 Raffalovich, A., 1887
7 Ebd.
8 Hunt, C. L., 1958, S. 163
9 Der *railroad type* nimmt auf die Abteile eines Eisenbahnwaggons Bezug. Der *double decker* bezeichnet die doppelte Entfernung zwischen den Zimmern und einem zentralen Treppenhaus.
10 *Plumber an Sanitary Engineer* (2. Dez. 1978) verbindet Philanthropie mit Werbung, wenn sie „eine Belohnung von 500 Dollars für die Preisträger der vier besten Entwürfe von Arbeiter-Wohnungen aussetzt, wo das Problem ausreichender Licht- und Belüftungsverhältnisse adäquat gelöst ist und die Zimmeraufteilung einen angemessenen Gewinn auf das investierte Kapital verspricht".
11 Jackson, A., 1976, S. 68
12 Meissner, A., 1888
13 Forest, W. de & Veiller, L., 1903, S. 8 f.
14 Beyer, G., 1965, S. 35
15 Jacobs, J., 1962
16 Jackson, A., 1976, S. 285
17 *Real Estate Record* (10. Okt. 1903), zitiert nach Jackson, A., 1976
18 Die Einwohnerzahl von Brooklyn steigt von 3300 im Jahre 1800 auf 566 000 im Jahre 1880 (Meissner, A., 1888).
19 Janzé, de, 1869, S. 10
20 Castex, J.; Depaule, J. C. & Panerai, P., 1977, S. 21 (vgl. die dt. Ausgabe unter dem Titel ‚Vom Block zur Zeile' = Bauwelt Fundamente, Bd. 66, Wiesbaden 1984)
21 Gurrand, R. H., 1967, S. 115 u. 135
22 Detain, C., ingenieur, 1867, (zitiert nach L.A.S.S.A.U., 1977, S. 93)
23 Villa, A., 1975, S. 189
24 Gans, C. & Weber, P. E., 1897
25 Madre, A. de, 1863
26 Roberts, H., 1850
27 Murard, L. & Zylbermann, P., 1976, S. 75
28 Panerai, P., 1979, S. 10
29 Jourdan, G., 1879

30 Béguin, F., 1977, S. 273
31 Guerrand, R. H., 1967, S. 77
32 Rancière, D., 1977, S. 189
33 Villermé, Dr. L. R., 1850, S. 8
34 Moureau, J., 1866
35 Ameline, H., 1866
36 Montchablon, A., 1975, S. 302
37 Leroy-Beaulieu, P., 1882
37 Leroy-Beaulieu, A., 1975, S. 302
38 Zitiert nach Chemetov, P., 1975, S. 68
39 Die Moralreform und die Arbeitergesetzgebung, in: La Réforme sociale, 15. Juni 1866, zitiert nach: Guerrand, R. H., 1967, S. 272
40 Cacheux, E., 1882
41 Guerrand, R. H., 1967, S. 96
42 Lavedan, P., 1963, S. 234
43 Janzé, de, 1869, S. 27
44 Hegemann, W., 1930, S. 59
45 Fassbinder, H., 1975, S. 86
46 Heinrich, E., 1969, S. 42
47 Werner, F., 1976, S. 11
48 Zitiert nach Hegemann, W., 1930, S. 232
49 Eberstadt, R., 1910, S. 65
50 Fassbinder, H., 1975, S. 77. Die durchschnittliche Bewohnerzahl für Zweizimmerwohnungen beträgt im Jahre 1849 5,59; 1873 sind es 4,94.
51 Altenrath, J., 1919. Der Prozentsatz der Schlafgänger für die Gesamtbevölkerung liegt 1905 bei 5,28.
52 Niethammer, L. & Bruggemeier, F., 1979, S. 107
53 Voigt, Dr. P., 1901
54 Eberstadt, R., 1894, S. 109
55 Fassbinder, H., 1975, S. 84
56 Cacheux, E., 1889
57 Janzé, de, 1969, S. 13
58 Raffalovich, A., 1887
59 Cacheux, E., 1891
60 Say, H., 1855
61 Cacheux, E., 1891
62 Godin, J. B., 1871, S. 418
63 Guerrand, R. H., 1967
64 Béguin, F., 1977, S. 272
65 Muller, E. & Cacheux, E., 1879
66 Zola, E., Berlin–Wiesbaden, S. 8
67 Goffmann, E., 1973
68 Guerrand, R. H., 1967, S. 77
69 Le Play, F., 1864, S. 176
70 Roberts, H., 1850
71 A.a.O., S. 11
72 A.a.O., S. 20
73 Vernant, J. P., 1965/1974, S. 128
74 Zitiert und illustriert nach Butler, R. & Noisette, P., 1977, S. 43

75 Bachelard, G., 1975, S. 40
76 A.a.O.
77 Gide, A. 1897/1972, S. 143
78 Rilke, R. M., Die Aufzeichnungen des Malte Laurichs Brigge
79 Rilke, R. M. Chants de l'Aube, S. 57
80 Bachelard, G., a.a.O., S. 178
81 Nach Vernant, J. P., 1965/1974, S. 131 ist der häusliche Raum, d. h. der mit einem Dach versehene geschlossene Raum bei den Griechen weiblich konnotiert; der äußere Raum, der Luftraum, besitzt eine männliche Konnotation.
82 Murad, L. & Zylbermann, P. 1976, S. 253
83 Verret, M., 1979, S. 125
84 Benjanim, W., 1969, S. 192 f.
85 Der angelsächsische Begriff *privacy* wurde zum Gegenstand zahlreicher Untersuchungen, die im wesentlichen folgende Bedeutungsschichten freigelegt haben: Rückzug und damit Abwendung vom Anderen, reservierter Zutritt, Diskretion, Geheimnis ...
86 Rilke, R. M., Die Aufzeichnungen ..., S. 40
87 Rilke, R. M., Lettre à Clara Rilke (1902), S. 60
88 Rilke, R. M., Poésie, S. 298
89 Magnenat, H., 1880
90 Medam, A., 1977, S. 65
91 Lynch, K., 1975, S. 28
92 Cocâtre, P. u. a., 1977
93 Nach Barker, R., 1968, ist der *behavior setting* für Beobachtungen menschlichen Verhaltens der einzig geeignete Rahmen, da er die Möglichkeit bietet, es als ein zusammenhängendes Ganzes zu sehen, indem er auf die ökologische Psychologie zurückgreift.
94 Vergleiche zu diesem Thema die Arbeiten der I.S.U., Paris, 1966, 1973, 1976
95 Verret, M., 1979, S. 119
96 Baudrillard, J., 1969/1972 hat die sozialen Bedeutungen der Inneneinrichtungsmoden ausführlich kommentiert.
97 Diese Analyse ist von der Untersuchung der Obdachlosensiedlungen in den Pariser Vorstädten durch C. Pétonnet beeinflußt.
98 Zum Verhältnis von Lebensformen und kulturellen Modellen vergleiche I.S.U., 1975, und C.E.R.A., 1977
99 Ballion, R., 1973, S. 18
100 Turner, J., 1979, S. 79

Literatur

Alexander, D.: Notes on the Synthesis of Form, Harvard Univ. Press, Cambridge/MA 1964
Alliaume, J. M. u. a.: Politiques de l'habitat 1800–1850, C.O.R.D.A., Paris 1977
Altenrath, J.: Das Schlafgängerwesen und seine Reform, Heymann, Berlin 1919
Ameline, H.: Des institutions ouvrières aus XIXe siècle, Aug. Durand & Pedrone Lauriel, Paris 1866
Bachelard, G.: Die Poetik des Raumes, Frankfurt am Main–Berlin–Wien 1975
Ballion, R.: Relation entre statut socio-culturel et fréquentation de la fôrêt (Laboratoire d' économétrie, Ecole Polytechnique) Paris 1973
Barker, R.: Ecological Psychology, Stanford University Press, Stanford/California 1968
Bassand, M.: Développement urbain et logement: la situation de Genève, in: Ann. Cent. rech. soc., 2, 1974
Baudrillard, J.: Das Ding und das Ich, Frankfurt am Main 1969
Baudrillard, J.: Pour une critique de l'économie du signe, Paris 1972
Béguin, F.: Savoirs de la ville et de la maison au debut du XIXe siècle, in: Politiques de l'habitat (1800–1850), Paris 1977
Benjamin, W.: Paris, Hauptstadt des XIX. Jahrhunderts, in: Illuminationen, Frankfurt am Main 1969
Berndt, H., Lorenzer, A., Horn, K.: Architektur als Ideologie, Frankfurt am Main 1968
Beyer, G.: Housing an Society, New York 1965
Bourdieu, P.: Entwurf einer Theorie der Praxis, Frankfurt am Main 1970
Burnett, J.: A Social History of Housing 1815–1970, New Abbot 1978
Butler, R., Noisette, P.: De la cité ouvrière au grand ensemble, Paris 1972
Buttimer, A.: Social Space in Interdisciplinary Perspective, in: Geogr. Revue, 59, 1969, S. 417–426
Buttimer, A.: Social Space an the Planning of Residential Areas, in: Environment and Behaviour, 4, 1972
Cacheux, E.: Les habitations ouvrières (1.ère partie), Laval 1882
Cacheux, E.: Les habitations en tous pays, Paris 1889
Cacheux, E.: Etat des habitations ouvrières à la fin du XIXe siècle, Paris 1891
Cacheux, E.: Les habitations ouvrières en tous pays, Paris 1902
Caroux, J.: Modes de vie ouvrier-habitat, Pais 1975
Castex, J.; Depaule, J. C.; Panerai, P.: Formes urbaines: de l'îlot à la barre, Dunod, Paris 1977. Dt.: Vom Block zur Zeile, Wandlungen der Stadtstruktur (= Bauwelt Fundamente, Bd. 66), Wiesbaden 1984
C.E.R.A. (Centre d'études et de recherches architecturales): Modèles culturels, habitat, Paris 1977
C.E.R.E.B.E. (Centre de recherche sur le bien-être): Le vécu des habitants dans leur logement à travers 60 entretiens libres, Paris 1974
Chamboredon, J. C., Lemaire, M.: Proximité spatiale et distance sociale: Les grands ensembles et leur peuplement, in: Revue française sociologicque, 11, 1970, S. 3–33

Chemetov, P.: Catalogue de l'exposition Architectures, Paris 1848–1914, Paris 1975
Chombart de Lauwe, P. H.: Famille et habitation: Sciences humaines et conception de l'habitat; un essai d'observation expérimentale, Paris 1960, 1967
Chombart de Lauwe, P. H.: Ethnologie de l'espace humain: De l'espace corporel à l'espace écologique, Paris 1974
Clerc, P.: Grands ensembles, banlieus nouvelles. Enquête démographique et psychologique, Paris 1967
Cocâtre, P. u. a.: Problématique du rapport humain à l'espace, Paris 1977
Coing, H.: Rénovation urbaine et changement social, L'îlot No. 4, Paris 1966
Cooper, C.: The House as Symbol of Self, Berkeley/California 1971
Cooper, C.: Easter Hill Village. Some Social Implications of Design, New York 1975
Cornuau, D., Retel, J. O.: Logement et vie familiale, in: Cahiers C.S.T.B. 82, 1966
Detain, C.: L.A.S.S.A.U.
Dubos, R.: Man adapting, New Haven 1965
Eberstadt, R.: Städtische Bodenfragen, Berlin 1894
Eberstadt, R.: Handbuch des Wohnungswesens und Wohnungsfrage, Jena 1910
Ekambi-Schmidt, J.: La perception de l'habitat, Paris 1972
Engels, F.: Zur Wohnungsfrage, in: Marx-Engels-Werke, Bd. 18, S. 209 ff., Berlin 1964
Fassbinder, H.: Berliner Arbeiterviertel 1800–1918, Berlin 1975
Favez-Boutonnier, J.: L'homme et son milieu, Paris 1962
Flandrin, J. L.: Familles, Paris 1976
Forest, W., Veiller, L.: The Tenement House Problem, New York 1903
Gans, C., Weber, P. E.: L'ouvrier stable et l'habitation ouvrière, Paris 1897
Gans, H.: The Urban Villagers: Group and Class in the Life of Italian-Americans, New York 1962
Gans, H.: The Levittowners: Way of Life and Politics in a New Surburban Community, New York 1967
Gauldie, E.: Cruel Habitations. A History of Working-class Housing 1780–1918, London 1974
Gide, A.: Les nourritures terrestres, Paris 1927
Glaab, C., Brown, A. T.: A History of Urban America, New York 1976
Godin, J. B.: Solutions sociales, Paris 1871
Goffmann, E.: La mise en scène de la vie quotidienne, Paris 1973
Goffmann, R.: Interaktionsrituale, Frankfurt am Main 1974
Guerrand, R. H.: Les origines du logement social en France, Paris 1967
Guerrand, R. H.: Le logement populaire en France: sources documentaires et bibliographie (1800–1960), Paris 1979
Gutman, R.: A Sociologist Looks at Housing, Rutgers University, Center for Urban Social Science Research 1970
Hall, E. T.: The Silent Language, Greenwich 1959
Haumont, N.: I.S.U.
Haumont, N.: Habitat et modèles culturels, in: Revue culturels française sociologique, 9, 1968, S. 118–140
Hegemann, W.: Das steinerne Berlin (= Bauwelt Fundamente, Bd. 3), Braunschweig 1976
Heider, F.: Environmental Determinants in Psychological Theories, in: Psychological Revue 46, 1939, S. 383–410
Heider, F.: On Perception, Event Structure and the Psychological Environment, in: Psychol. Issues, 1, 1959
Heinrich, E.: Der Hobrechtplan, in: Jahrbuch der Brandenburgischen Landesgeschichte, 13, 1962

Herpin, I., Santelli, S.: Bidonville à Nanterre, Paris 1971
Hunt, C. L.: The Life of Ellen H. Richards, 1842–1911, Washington 1958
I.S.U. (Institut de sociologie urbaine): L'habitat pavillonaire, Paris 1966
I.S.U.: Habitat et pratique de l'espace, Paris 1973
I.S.U.: Les modes de vie, Paris 1975
I.S.U.: Les locataires, Paris 1976
Jackson, A.: A Place Calles Home, Cambridge/Mass. 1976
Jacobs, J.: The Death and Life of Great American Cities, London 1962; dt.: Tod und Leben großer amerikanischer Städte (= Bauwelt Fundamente, Bd. 4), vergr.
Janzé, de: La transformation de Paris et la question du pot-au-feu, Paris 1869
Jourdan, G.: Legislation sur les logements insalubres. Traité pratique, Paris 1879
Korosec-Serfaty, P.: Appropriation de l'espace, in: Actes 3e conf. int. psych. de l'espace construit, Strasbourg 1977
Kouwenhoven, J.: The Colombio Historical Portrait of New York, New York 1972
Kruse, L.: Räumliche Umwelt, Berlin 1974
L.A.S.S.A.U. (Laboratoire de sciences sociales appliquées à l'urbain): Incidences du discours sur la mise en forme architecturale. Le logement social en France (C.O.R.D.A.) 1978
Lavedan, P.: Mérites et torts d'Haussmann urbaniste, in: La vie urbaine, Juli–Dez. 1963
Ledrut, R.: Sociabilité d'habitat et structure urbaine, in: Cahiers intern. sociol., Januar–Juni 1963, S. 113–124
Lee, T. R.: The Conception of Space an Control of the Environment, in: Arena 82, 1967, S. 172 ff.
Lefebvre, H.: La production de l'espace, Paris 1974
Lefebvre, H.: Zur Kritik des Alltagslebens, Kronberg 1977
Lefebvre, H.: Introduction à la modernité, Paris 1962
Leplay, F.: La réforme sociale en France, Paris 1864
Leroux, R.: Ecologie humaine, science de l'habitat: connaissances théoriques et pratiques sur l'habitat, Paris 1963
Leroy-Beaulieu, P.: Leitartikel des L'Economiste français, 4. November 1882
Lewin, K.: Principles of Topological Psychology, New York 1936
Lynch, K.: Grounds for Utopia, in: Responding to Social Change, Stroudsburg, Pa., 1975
Madre, A. de: Des ouvriers et des moyens d'améliorer leur condition dans les villes, zitiert nach Guerrand 1967, S. 122
Magnenat, H.: Chansons de l'ouvrier, in: Messager boîteux vaudois, 1880
Matore, S.: L'espace humain. L'expression de l'espace dans la vie, la pensée et l'art contemporain, Paris 1962
Mead, M.: Neighborhoods and Human Needs, in: Ekistic, Feb. 1966, S. 124–126
Meadam, A.: Loger en famille, in: Cah. psychol. de l'art et de la culture, 2, Paris 1977
Meissner, A.: Les habitations du peuple à la fin du XIXe siècle, Budapest 1888
Merton, R. K.: The Social Psychology of Housing, in: Curr. Trends in Soc. Psych., Pittsburgh 1948
Mintz, N. L.: Effects of Esthetic Surroundings I/II, in: J. Psychol. 41, S. 247–254 und 459–466
Montchablon, A.: Notes autour de l'habitat, in: La politique de l'espace parisien, Paris 1975
Moureau, J.: Le salaire et des association coopératives, Paris 1975
Muller, E., Cacheux, E.: Les habitations ouvrières en tous paxs, Paris 1879
Murard, L., Zylbermann, P.: Le petit travailleur infatigable ou le prolétaire régénéré, in: Recherches, 25, 1976
Muyard, C.: Espace familial et problème d'habitabilité, in: La vie urbaine, April–Juni 1965
Niethammer, L.: Wohnen im Wandel, Wuppertal 1979

Niethammer, L., Bruggmeier, F.: L'habitat ouvrier dans l'Allemagne impériale: L'haleine des faubourgs, in: Recherches 29, 1978

Palmade, J., Lugassy, F., Couchard, F.: La dialectique du logement et de son environnement: Etude exploratoire, in: Publ. rech. urb. Paris 1970

Panerai, P.: Typologies: Mémoires de la ville, in: Cah. rech. archit., 4, 1979

Parr, A. E.: City and Psyche, in: Yale Review 55, 1965, S. 71–85

Petonnet, C.: On est tous dans le brouillard. Ethnologie des banlieus, Paris 1979

Piaget, J. u. a.: L'épistémologie de l'espace, Paris 1964

Dies: Plumber and Sanitary Engineer, 2. Dez. 1878

Poncet, C.: Appréciation des volumens intérieurs, Nantes 1973

Quan-Schneider, G.: Le corps, la maison, la ville, Paris 1974

Raffalovich, A.: Le logement de l'ouvrier et du pauvre, Paris 1887

Ranciere, D.: La loi du 13 juillet 1850 sur les logements insalubres. Les philanthropes et le problème insoluble de l'habitat du pauvre, in: Politiques de l'Habitat, 1800–1850, Paris 1977

Rapaport, A.: House Form an Culture, Englewood Cliffs, N. J., 1969

Rapaport, A.: The Mutual Interaction of People an their Built Environment, Paris 1976

Rapaport, A.: Human Aspects of Urban Form: Towards a Man-Environment Approach to Urban Form an Design, Oxford 1977

R.A.U.C. (Centre de recherche d'architecture, d'urbanisme et de construction): Appropriation de l'espace par les objets, Paris 1970

R.A.U.C./L.F.H.M.: Pratique et représentation du logement social par les habitants, Paris 1974

Raymond, H.: I.S.U.

Raymond, M. G.: Ideologie du logement et opposition ville-campagne, in: Rev. fr. sociol. 9, 1968, S. 191–210

–, Real Estate Record, Nr. 72, 10. Okt. 1903, New York

Riemer, S.: Sociological Theory of Home Adjustement, in: Am. Sociol. Rev., 8, 1943

Rilke, R. M.: Lettre à, Clara Rilke (1902), in: Lettres 1900–1911, Paris 1934

Rilke, R. M.: Chants de l'aube 1898–1901, in: Poésie, Paris 1938

Rilke, R. M.: Die Aufzeichnungen des Malte Laurids Brigge

Rilke, R. M.: Fragments en prose, Paris 1942

Roberts, H.: Des habitations des classes ouvrières, Paris 1850

Robin, C. u. a.: Psychologies et espaces, Paris 1974

Say, H.: Rapport du secrétaire de la Chambre de commerce de Paris, 15. Juni 1855

Schoonbrodt, R.: Sociologie de l'habitat social. Comportement des habitants et architectures des cités, Brüssel 1979

Sivadon, P.: L'espace vécu: incidences thérapeutiques, in: L'évolution psychiatrique, 30, 1965

Sommer, R.: Personal Space: the Behavioral Basis of Design, Englewood Cliffs, N. J., 1969

Stoetzel, J.: Les changements dans les fonctions familiales, in: Prigent: Renouveau des idées sur la famille, Paris 1965, S. 343–369

Turner, J. F. C.: Le logement est vortre affaire, Paris 1979

Vernant, J. P.: Mythes et pensées chez les Grecs, I, II Paris 1974

Verret, M.: L'espace ouvrier, Paris 1979

Vilha, A.: Le città capitali del XIX secolo: I. Parigi & Vienna, Rom 1975

Villermé, L. R.: Des associations ouvrières, Paris 1849

Villermé, L. R.: Sur les cités ouvrières, Paris 1850

Voigt, P.: Grundrente und Wohnungsfrage in Berlin und seinen Vororten, Jena 1901

Werner, F.: Stadtplanung Berlin, Berlin 1976

Young, M., Wilmott, P.: Family and Kinship in East London, Harmondsworth 1964

Zola, E.: Feine Leute, Wiesbaden–Berlin o. J.

Bauwelt Fundamente

Christoph Hackelsberger

Plädoyer für eine Befreiung des Wohnens aus den Zwängen sinnloser Perfektion

1983. 118 S. mit 32 Abb. 14 X 19 cm. (Bauwelt Fundamente, Bd. 68.) Br.

Fenster in Einfamilienhäuser, die sich mühelos von außen putzen ließen, mit komplizierten Beschlägen ausgerüstet; Küchen, deren Ausstattung die Versorgung eines mittleren Hotelbetriebes gestattete; Bäder, die man ohne Übertreibung als Feuchtraum-Wohnzimmer bezeichnen könnte; Wohnräume, in denen üppige Polstergarnituren um Hifi-Altäre gruppiert sind — mehr als ein Anlaß, sich zu mokieren. Christoph Hackelsberger geht es in erster Linie nicht um die Frage, des sogenannten Geschmacks (um den diejenigen am liebsten streiten, die einander an Geschmacklosigkeit überbieten), sondern um die sorgfältige Prüfung einer Fragen, die in Vergessenheit geriet: Wozu? Um Spontaneität durch Perfektion zu ersticken? Um uns zu Opfern von in hohem Maße fragwürdigen Standards zu machen?

Friedr. Vieweg & Sohn Verlagsgesellschaft mbH · Braunschweig/Wiesbaden

Bauwelt Fundamente

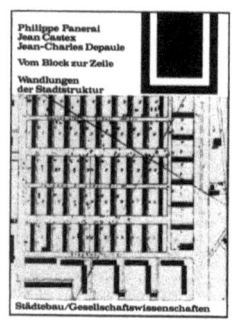

Philippe Panerai, Jean Castex und
Jean-Charles Depaule

Vom Block zur Zeile

Zur Wandlung städtebaulicher Strukturen. (Aus dem Französischen von Helga-Ellen Dietrichs.) 1984. Ca. 200 S. mit 53 Abb. 14 X 19 cm. (Bauwelt Fundamente, Bd. 66.) Br.

Der geschlossene Baublock rückt als eine Figur räumlicher Aneignung durch Bewohner und Anwohner als konstituierendes Element der Stadtstruktur aufs neue in den Blickpunkt. Die Autoren setzen dafür den Begriff „Raumpraxis", und indem sie die Entwicklung des Baublocks vom Paris Haussmanns bis zu seiner Auflösung in Mays Neuem Frankfurt minutiös verfolgen, zeichnen sie eine gesellschaftliche Entwicklung nach, die sich in eben jenen Mutationen der Raumpraxis so unmittelbar zu erkennen gibt wie in den baulichen und erschließungstechnischen Fortschritten. Sie zeigen, wie aus einer städtischen Praxis mehr und mehr eine private wird, wie mit der Lokalisierung getrennter Lebensvollzüge in der Wohnung selbst eine Segregation von Wohnung und Wohnumfeld einhergeht, und zwar in dem Maße, wie Arbeits-Zeit und Frei-Zeit als unterschiedliche, einander ausschließende Zeiten des Tätigseins erlebt werden.

Friedr. Vieweg & Sohn Verlagsgesellschaft mbH · Braunschweig/Wiesbaden

Bei Fragen zur Produktsicherheit wenden Sie sich bitte an:
If you have any questions regarding product safety,
please contact:

Birkhäuser Verlag GmbH
Im Westfeld 8
4055 Basel, Schweiz
productsafety@degruyterbrill.com